成功を呼ぶ

ネーミングの技術

元電通スポーツ局次長／日本eスポーツ連合理事

平方 彰

竹書房

はじめに

令和の時代が幕を開け、二年目に入りました。新元号が改元1か月前に事前公表された際も、施行された2019年5月1日も、日本中が沸き立ちました。時代の名称が変わることに、多くの人々が関心を寄せたのです。

人は万物に名前を付けます。ほぼすべての現象、事象、物事、物質に名前が付けられています。一台の車にも、愛犬にも、小さな虫にも、空気中の成分にも、そして時代にも、ありとあらゆるものに名前があります。名前を付けた瞬間に命が宿る、といっても過言ではありません。

私は子供の命名は、究極のネーミング作業のひとつではないかと考えます。

ひとつ、ふたつ、多くてみっつほどの漢字に、ありったけの思いを込める作業です。健康に育ってほしいと〝健〟という文字を使ったり、優しい子になってほしいと〝優〟という文字を使ったり。ひとりの人間が一生涯背負っていくものですから、名付けるほうは真剣そのものです。

子供の命名の他にも、愛犬に名前を付けたり、友達にニックネームを付けたり、人は一般生活の中で何度もネーミングする機会があります。

ビジネスにおいてもネーミングの機会は多々あります。自営業の方が店名を付けたり、新しく考えたメニューに名前を付けたり、企業の商品開発部や広報部などで経験がある方もいらっしゃるでしょう。実にネーミングは、さまざまな場面で自分では意識しないうちに行われているのです。

巨額が動くビッグビジネスにおけるネーミング作業になってくると、広告代理店の出番です。私もこれまでひとりの広告マンとして、メーカーが社運をかけて開発した新商品や、数百億単位のお金が動くビッグイベントのネーミングに携わってきました。

決して大袈裟ではなく、ネーミングというのは商品の売れ行きやイベントの未来を、大きく左右するものだと経験してきました。せっかく素晴らしい商品（企画）であっても、名前がイマイチだと、その魅力を半減させてしまいかねません。逆に絶妙のネーミングがなされた場合は、商品（企画）が持つ本来の魅力を何倍にも何十倍にも増幅させる力があるのです。私は広告の現場で、そういう失敗や奇跡を何度も目の当たりにしてきました。

私は１９８４年（昭和59年）に電通へ入社以降、営業局クライアント担当を経て、１９８９年（平成元年）から当時のスポーツ文化事業局（現スポーツ局）でさまざまなスポーツイベントを担当し、みなさまの目に触れる数々の仕事を世の中に送り込んできたと自負しています（詳しくは巻末の略歴をご一読いただけると幸いです)。

私がスポーツビジネスにのめり込めたのも、当時の直属の上司である高橋治之氏(2020東京オリンピックパラリンピック組織委員会理事)のおかげといっても過言ではありません。

高橋さんはいわば〝スポーツをビジネスにした日本のオーソリティ〟。その方のもとで、はじめは陸上競技とゴルフトーナメントをメインに担当し、その後は野球や水泳、さらには日本の国内スポーツ、サッカー以外はすべて(電通は当時サッカー局というのが存在していたので)を統括して多くの業務に従事してきました。その際、高橋さんのいろんな発想・交渉術・情報収集術・実現力を見てこられたからこそ、今日の自分があると思っています。

1996年(平成8年)にメインが野球担当となってからは、日米野球やMLBの日本開幕戦をはじめとした、数々のビッグイベントに関わらせていただきました。

今回、出版社さんのほうから「ネーミングに関する本を書いてみませんか？」というお話をいただけたのは、おそらく私が『SAMURAI JAPAN』のネーミングを考案したことと、ユーキャンの流行語大賞・優秀賞を10年間で二度受賞した（平成21年：『SAMURAI JAPAN』、平成30年：私が主導して電通が商標登録した『eスポーツ』）ことによるものだと思います。

本書では、私がキャリアの中で培ったネーミングに関するノウハウと考え方を、いろいろな側面から見て考えるお手伝いができるよう、余すところなくお伝えするつもりです。また、いわゆる〝業界の裏話〟も可能な限り書いてみようとも思っています。

お子様やペットの命名、新しく始める店舗名、開発した新商品の名前、より集客を増やしたいイベント名、興味をそそられる企画書のタイトル……etc。絶妙なネーミングというのは、人物、商品、企画等の未来を大きく好転させるものです。

みなさまが日常やビジネスの中で体験するネーミング作業に、本書が少しでもお役に立てたら幸いです。

成功を呼ぶ

ネーミングの技術

目次

第一章 ネーミングが未来を左右する

第二章 ネーミング作業の流れとコツ

第三章

SAMURAI JAPANというネーミングはいかにして生まれたのか

第一章

ネーミングが未来を左右する

ネーミングとは何か？

この世のあらゆるものには名前が付けられています。発見、発明、開発、つまり何かが生まれたら、すぐにネーミング作業がなされるのです。そして名付けた瞬間から、良くも悪くもイメージは固定されます。そのもののイメージを作るわけですから、そのものその後の運命を生かすも殺すも……という非常に重要な作業なのです。

例えば、ある企業である商品が開発されたとしましょう。社員たちの汗と涙の結晶で、社の命運を握るような重要な商品だとします。

社員たちは相当な思い入れがありますから、ネーミングに関しても真剣です。

自社で名前を考えるケースもありますが、我々のような広告マン、つまり専門家に作業を依頼するケースもあります。

そういったクライアントに対して、広告マンたちは「御社の近年の販売傾向は……」なんて具合にプレゼンするわけです。私は広告マン時代、なんだかおこがましいなぁと思い続けてきました。何年もかけて開発した大切な商品を、部外者の私が分析して名付け親になるわけです。自分なんかに資格があるのか？　と自問自答するような気持ちになったものです。

もちろん、広告マンたちは専門家として真摯に案件にあたるのですが、開発の当事者である企業の方々の思い入れや情熱には到底勝てない。もう全然愛情の入り込み方が違うと思います。だから本当は一番愛の強い、思いの強い人が名付けるに越したことはないのだと考えます。

ただし、ネーミングというのは思い入れだけでできるものではありません。

緻密なマーケティング分析に基づいたうえで、専門的なテクニックとコツが必要なのです。言い換えれば、そのノウハウを持っているということが、広告マンの存在価値であるともいえるでしょう。

とはいえ、繰り返しになりますが、本来であれば生みの親が名付けるのが理想です。だとすれば、生みの親たちがネーミングのノウハウを身に付ければいい。本書の目的はそこにあります。

新しくお店を始めるにあたって、店名やメニュー名を考えなければならない方。経営、もしくは勤務先の工場で開発製作した新製品のネーミングに頭を悩ませている方。企業の商品開発部や宣伝広報部にお勤めの方。来年、出産予定だというご家庭などなど。仕事からプライベートに至るまで、ネーミング作業に直面した際に使える実践的なテクニック、コツを今から詳しくお伝えしようと思います。

息子の名前の由来

私事で恐縮ですが、命名に関して私の息子を例にしてお話ししたいと思います。平方家は陸上一家です。父親もきょうだいも私も、みんな陸上競技をやってきました。父親は走り幅跳びをメインに約20年間、国体に出場し続け、のちに日本陸連の理事に就任しました。

一番上の兄は陸上とは縁がありませんでしたが、長女は学生時代に陸上をやり、その後モントリオール五輪に走り高跳びで出場した選手と結婚しました。次男は早稲田大学の競走部に入部。のちに群馬陸協の最年少理事長になりました。三男も早稲田の競走部に入部。四男である私は、高校時代に4×100メートル走で全国ランキング2位になり、兄たちと同じく早稲田の競走部に入部しました。

私はスタートダッシュに自信があり、いつも第一走者を任されていましたが、持久力はまったくありませんでした。これは仕事のスタイルにもつながる話で、企画立案などの作業では、最初の集中力は徹夜も苦にならないくらいに力がみなぎっていたように思います。でも持久力がないので、後々まわりに負担をかけていたかもしれません（汗）。


そんな平方家で生まれ育った私は、どうしても自分の息子に〝陸〟と名付けたくて、かみさんとも話し合ってそう命名しました。アルファベット表記では厳密にいえばＲＩＫＵですが、ＲＩＣＫと洒落込んでもいい。息子が自分の名前をどう感じているかはわかりませんが、親である私は気に入っています。

ただし、この命名は一筋縄ではいきませんでした。画数占いを見たら、あまり良くなかったのです。かみさんが反対しました。

「画数の占いが全部良くないなんて、いや」

「別にいいじゃん。気にしなくても」

「じゃあ一冊でも良い評価のものを探してきてよ」

私は画数に関する本を何冊も調べて、良い評価が載っていた一冊を買い、ようやくかみさんに了承をもらったのです。

ちなみに陸は陸上競技ではなく、サッカーの道に進みました。中学生の時には東京選抜にも選ばれ、のちに慶応義塾大学のソッカー部（※慶応ではサッカー部ではなく、ソッカー部というのです）に入部しました。

思い入れとこだわりが何より大切

かみさんが最初、陸という名前に乗り気でなかったのは、実は画数の問題だけではありませんでした。私の会社で、すでに子供に陸と名付けている同期がいたからなのです。

「なんだか真似してるみたいで……」

と気が進まなかったのです。

「そんなことは気にしなくていいんじゃない。付けたい名前を付ければいいじゃん」

と私は反論しました。私はどうしても、絶対に陸と名付けたかったのです。

こだわったのです。

私は命名の際には、こういう思い入れの強さこそが必要だと思うのです。ネーミングはテクニカルな手順や、論理的かつ冷静な分析が必要な作業ですが、思い入れというのは、やはり大切にすべきものです。特に命名という人生最大級ともいえるネーミングにおいては、ビジネスではないのですから、思い入れとこだわりが何より大切です。どんな思いを込めて命名したのか。その情熱はきっと名前を見聞きする人に伝わります。


とはいえ、です。せっかくの思い入れや愛情が空回りしてしまう場合もあるのではないでしょうか？

人様の家庭のことに関してあれこれ言える立場ではありませんが、どう読んでいいのか予想すらできないような読み方や、当て字の度が過ぎるというのはいかがなものかと思います。いわゆるキラキラネームは、その傾向が強いと感じてしまいます。

「子供のうちならまだしも、おじいちゃんおばあちゃんの年齢になった時に、その名前で大丈夫なんだろうか」といった、周囲のいらぬお節介も生まれてしまいますよね。

ネーミングにおいて最も大切な思い入れが、空回りにならないようにするにはどうすればいいのか。次はそんなお話です。

ネーミングはわかりやすさが命

子供の命名はもちろんですが、満を持してオープンするお店の名前にしても、苦心の果てに開発した新商品や新技術にしても、思い入れこそが最も大切だというお話を前項でしました。

そのせっかくの愛情を空回りさせないためには、確かなテクニックと注意が必要です。最も大切なネーミングテクニック、それは『わかりやすさ』です。

わかりやすさというのは、イメージのしやすさと言い換えることもできます。名前を聞いただけですぐにイメージが浮かぶ。それこそが最も良いネーミングだと私は考えます。


かっこいいネーミング、インパクトのあるネーミング、かわいらしいネーミング、笑ってしまうネーミング……。世の中にはいろんなネーミングがあります。あらゆるネーミングにおいて最も良くないのは、わかりにくい・わかりづらいネーミングだと思います。

いくらかっこよくて、いくら斬新でも名前が覚えづらかったり、「あれ、なんだっけ?」となってしまったりするようでは失敗です。極論を言えば、かっこよくなくても斬新でなくても、みんなに覚えてもらえればそれでいいのです。

奇をてらったり、かっこよさを追求したりするあまり、わかりづらくなってしまって結果的に覚えてもらえない。イメージが湧かない。これは、最も悪いネーミングだといえるのではないでしょうか？　正直、考案者のマスターベーションに過ぎないといえます。

とかく凝りすぎたネーミングは、失敗に終わることが多いものです。だったら「こんな名前、誰でも思いつくじゃん」でいいのです。わかりやすくて、覚えやすくて、ちゃんと浸透して、すぐにイメージを想起させることができれば大成功なのです。


しかし、世の中にはミクロな層に響けばいい、むしろミクロ層を狙うニッチな商品や企画もあります。その場合には、ミクロ層に響くネーミング作業が行われます。でも、これは特殊なケースです。たいていのネーミングは、万人に伝わるもの、わかりやすいものが大前提です。つまり、万人がその名前を聞いただけで、すぐにイメージできることが大切なのです。

もちろん万人に、というのは無理です。8割の方に響けば大成功だと思います。つまり、こだわりの強い20％は捨てていいのです。凝りすぎたネーミングというのは20％を狙いに行っていることが多く、結果的に8割の人を逃してしまっていることも多いのです。

少数派を狙う例外的なネーミング

逆に、世の中の80％ではなく、残り20％の少数派をターゲットにする商品、企画も存在します。

どんな市場であれ、おおよそこの20％の人たちというのは尖った考えの持ち主です。人と同じは嫌だと考える人が多いように思われます。つまり、こだわりが強くて、マニアックで、物事を斜めから見るような天邪鬼な一面を持っている。納得しないと決して動かない。そんな頑固な一面もあるでしょう。要するに「面倒くさい人たち」です。

アウトプットする側からすれば厄介な層ですよね。しかし、こういう人たちは一度好きになると裏切りません。こだわるからこそ審査も辛いですが、こだわるからこそ離れていかない。実はその面倒な人たちこそ、大切にしなくてはいけない人たちなのかもしれません。

例えば、ひとつのイベントを開催するとしましょう。通常であれば、ひとりでも多くの人にイベントを周知するために宣伝費や広報費をかけます。

しかし、20％の人たちが熱く支持する市場におけるイベントの場合は、宣伝費や広報費を抑えられる場合があります。それはなぜか。20％の人たちは、自分から情報を取りに来てくれるからです。主催者が大々的に告知しなくても、彼らは常に自分の好きなことにアンテナを張り、SNSを駆使して情報をキャッチしているからです。市場規模が小さいため何万人という数字は見込めませんが、1000人や2000人であればすぐに集まる。市民権を得てきている『eスポーツ』などは、この例に当てはまるかもしれません。

こういう層をターゲットとする場合は、あえてエッヂを利かせたネーミングもアリになってきます。ゲーム、小説、漫画のタイトルはこういうものが多いです。ニッチ層を狙い、顧客化を狙い、エッヂを利かせたタイトルをあえて付ける。狭いパイに対して確実に売って利益を上げるわけです。結果的に、80％の層にも波及して大ヒットになれば儲けもの、という考え方です。

私が広告マンだった頃は、スポーツイベントを多く手掛けていました。それも、ひとりでも多くの集客が必要となるビッグイベントです。つまり80％の人たちに向けた戦略、ネーミング、マーケティング分析で戦っていました。私の場合は、ニッチ層を狙った商品や企画を手掛ける機会は少なかったのです。

ですから、本書ではあくまでも、8割の人々を狙ったネーミングの作り方の説明に徹しようと思います。

0を1にする仕事と、1を100にする仕事

どんなジャンルであれ、仕事というのは0を1にするものと、1を100にするもののふたつに大別できると思います。

この年齢層の、こういう人たちをターゲットに売りたい。そのためにはどんな商品（企画）がウケるか？　という風に、商品開発段階（企画立案段階）か

らスタートする。つまり、商品（企画）が最初の時点ではまだ存在しないケースです。これが0を1にする仕事ですね。

1を100にする仕事は、武器を新規開発するのではなく、もうすでにある武器をいかに使うかを考えるというものです。

ネーミング作業に関していえば、ほとんどの場合が1を100にする仕事です。ゼロベースでネーミングを決めて、それから企画、立案、開発が進んでいくという流れはほぼありません。すでに出来上がっている商品（企画）に、どんなネーミングをすれば効果的かを問われる場合がほとんどです。

ネーミングというよりも、広告業自体が1を100にも1000にもするという業務ともいえます。私は0→1も1→100も両方経験しましたが、1を100にする仕事のほうが圧倒的に多かったですし、そういう仕事が好きで得意だったから広告マンをやっていたともいえます。

そんな中、数少ない0を1にする仕事のことをお話ししたいと思います。商品がない段階、つまり商品開発段階から私が携わったケースです。

ある飲料メーカーのご依頼で、クッキングワインの仕事をしたことがありました。今でこそ一般的な調味料として認知されていますが、1988年（昭和63年）当時はまだまだ家庭で使用されることはありませんでした。メーカーとしても、パイオニアになりたいという気概がありました。またその頃、ワインブームが来ていたということもあって自信を持っていました。

メーカーの方から「こういう商品を出してみようと思っているんだけど、電通さん、どう思う？　イケるかな？　やめたほうがいいかな？」と相談されるところからスタートしました。味や成分、瓶の形状なども相談しながら決めていく。メーカーさんとゼロから開発していく仕事でした。その中のひとつとして、「じゃあ肝心の商品名はどうしましょうかね？」というネーミング作業も当然ありました。

先述しましたが、当時の日本ではクッキングワインは一般的ではありませんでしたから、海外のお洒落な雰囲気を想起させるようなネーミングにしたいと思っていました。

コピーライターと相談した結果、〝ビストロ〟というキーワードが浮上してきました。フランス料理の世界でよく使われる〝小さなレストラン〟という意味です。現在は耳馴染みのある言葉だと思いますが、当時はまだ耳珍しい響きでした。それもまた、お洒落な海外の雰囲気が漂っていて良いと思ったのです。

結果的に『ビストリアンの皿』というネーミングに決定しました。ちょっとひねったお洒落な響き。格調高い感じもします。私は素晴らしいネーミングになった、と自信満々でした。

電通時代のいくつかの苦い思い出

ところが……この商品は現在販売されていません。商品自体は画期的な試みでしたし、素晴らしい品質のものでした。しかし、今この商品が販売されていないという現実を見ると、私のやり方、判断が甘かったなぁ……と反省するところです。

この当時、私は27歳。若気の至りでした。私はアルコールが呑めない体質なので、アルコールについて追究しきれていなかったし、たぶん消費者の中に『ビストリアンの皿』＝「クッキングワイン」というイメージが湧かなかったのではないか？　と思うのです。だとすると、1を100にするための作業において、認知度・理解度を上げる提案をし続けたか？　そのあたりのことが希薄だったため、良い結果に結びつかなかったのでしょう。

今だったらどんなネーミングにするか？　瞬間的に浮かんだ言葉は〝フランソワーズ〟です。フランスでよく名付けられる女性の名前です。クッキングワインは、フランス料理でかなり活躍しますからね。いや、これもどうかな……改めてじっくり考えたいと思います。

苦い思い出といえば、いや現在進行形で苦い思いをしていることもあります。私は現在、一般社団法人『日本ｅスポーツ連合（ＪｅＳＵ）』の理事を務めていますが、さかのぼれば電通に在籍していた２００７年（平成19年）からｅスポーツの業務に携わってきました。

今もそうですが、どうしてもゲームやゲーマーというものに対して〝オタク〟〝ネクラ〟といった「負のイメージ」を抱く人たちが多いものです。しかし、実際にｅスポーツの競技に出場している選手は、勝敗に一喜一憂し、技術を磨くために猛練習し、体力的なトレーニングも行い勝利を目指している、まさに『アスリート』といえる人たちです。なので、その人たちへのリスペクトを込めて、ｅスポーツの選手のことを『アスリートゲーマー』と呼ぼうと提案したのです。スポーツとして認知させたいという狙いと希望もありました。しかし、なかなか賛同は得られず、浸透もしませんでした。

たしかに、すっきりしたｅスポーツと比べて、アスリートゲーマーは名称が長いですよね。パッと耳にした際にもわかりづらい。だったらいっそ『ｅゲーマー』のほうが短く単純でわかりやすいかもしれません。しかし、ｅスポーツのｅは〝electronic〟の頭文字で、〝電子の〟という英語です。ｅゲーマーを訳すと、従来の普通のゲーマーという意味になってしまいます。であれば、ｅスポーツをそのまま生かして『ｅスポーツプレイヤー』。これもやはり長いでしょうか。ではそれを短縮して『ｅプレイヤー』でもいいかもしれません。これは「いいプレイヤー」という洒落も含んでいます。あと『アゲマー』はどうでしょう？　これは『アスリートゲーマー』から4文字を取ったもので、発音にポイントを置いた考え方。いやいや、どうでしょう。これもまた改めて考えさせてください！

広告のプロとして34年間仕事をしてきましたが、苦い思いは数えきれないくらい味わっています。そのたびに反省するのですが、失敗の原因の多くはやはりわかりづらさです。私は自身の経験を踏まえて「わかりやすさこそがネーミングの命」と改めてお伝えしたいのです。

苦い思い出をもうひとつ。今でこそ日本でも浸透した『ＷＢＣ（World Baseball Classic）』ですが、この話がアメリカから持ち込まれたのは２００４年（平成16年）のことでした（第一回大会開催は２００６年）。メジャーリーガーも出場する〝国別対抗の野球の祭典〟ということで、考え方と企画自体は素晴らしいものだと思いました。しかし、正直ネーミングには疑問しか持ちませんでした。米国側は「素晴らしいネーミングだろう」と言ってきましたが、納得がいかなかったため、変更案を提示したのです。

結果としてまったく受け付けてもらえず、そのまま準備に取りかかることになりました。電通はマーケティングとプロモーションの部分を一手に引き受けましたが、この件をスポンサーに説明する際、まずは「野球の国別対抗戦、真の世界一決定戦であるワールド・ベースボール・クラシックというのが開催される予定で……」という会話から始めないといけない感じでした。私が提案していたのは『野球ワールドカップ』。こちらのほうが数段わかりやすいと思いませんか？　ただ商標登録の問題などもあり、一筋縄ではいかなかったということも要因としてはありますが……。

イチローというネーミングの奇跡

2019年（平成31年）をもって、イチロー選手（元オリックス、マリナーズ他）が現役を引退しました。この選手のすごさについては、改めて語る必要はありませんね。言うまでもなく、イチロー選手がアメリカと日本の多くの野球ファンから尊敬を勝ち得ているのは、彼自身の実績、努力の賜物です。

しかし、私はその人気の秘密は、ネーミングにもあるのではないかと思うのです。

本名の鈴木一朗ではなく、イチローというネーミングだったからこそ、国内はもちろん海を越えて言語の壁も越えて、より多くの人々に親しまれたのだと思うのです。

イチロー選手はもともと、鈴木一朗の本名でプレーしていました。しかし、仰木彬さん（故人）がオリックス監督に就任直後、半ば強引にイチローと命名して選手登録した、というエピソードがあります。

「今はいいけど、将来父親になることがあったら、その名前は恥ずかしい」と渋るイチロー選手。すると仰木監督は、パンチパーマの佐藤和弘選手を〝パンチ佐藤〟と命名し、「先輩の佐藤が名前を変えるんだから、おまえも変えろ」と強引に納得させたらしいのです。結果的に「イチロー」は、海を越えてアメリカでも連呼される名前になりました。私は仰木監督のセンス、先見の明に感服します。

また、イチローという選手名で登録が許可されたという点も素晴らしい。「イチロー」はもちろん、「パンチ佐藤」まで許容した首脳陣の頭の柔らかさも評価されていいと思いますし、それを認めたNPB（日本野球機構）も素晴らしいと思います。

「スズキイチロウ」「スズキ」「イチロウ」よりも、「イチロー」はアメリカ人にも発音しやすく、親しみやすいのです。本当に素晴らしいネーミングだと思います。

- 一朗
- いちろう
- イチロウ
- イチロー

こう羅列すると一目瞭然ですが、カタカナが圧倒的にいいですよね。では

「イチロウ」と「イチロー」ではどちらが良いか？

「イチロウーーー！」ではなく「イチローーー！」のほうが伸びやかに応援できます。叫びやすい。わかりやすさ、親しみやすさ、発音のしやすさ。すべてにおいて完璧なネーミングです。

愛称が浸透すれば、人気は決定的なものに

イチロー選手の成功にあやかって、その後は名前だけの選手名登録が相次ぎました。サブロー選手（元ロッテ、巨人）なんかは思い切りそうですね。他にもカタカナだけではなく、漢字の登録名もたくさんありました。銀次選手（楽天）、鉄平選手（元中日、楽天他）、由規投手（ヤクルト、楽天）などなど。

登録名ではなく、愛称が大きな役割を果たした例もあります。松井秀喜選手（元巨人、ヤンキーズ他）の「ゴジラ」です。海の向こうからやってきた怪獣。松井選手の圧倒的な実績があってこそですが、愛称によってより多くのファンに親しまれたのは間違いありません。愛称が浸透すれば、その人気は決定的となり、持続的なアイコンとなるのです。

オーバー・ザ・ワンハンドレッド・シックスティ。メジャーリーグには〝160超〟という言葉があります。160メートル以上打球を飛ばせるか、160キロ以上のスピードボールを投げられるか、という一流選手のひとつの基準です。このどちらかを満たす選手が、ヒーローになれるとされているのです。イチロー選手はいずれでもないのに、認められました。本当にすごいことです。

このオーバー・ザ・ワンハンドレッド・シックスティを、両方実現している日本人メジャーリーガーがいます。大谷翔平選手（日本ハム、エンゼルス）です。イチロー選手とはまた違う、もともとアメリカ人が大好きなタイプのスター選手です。

大谷選手にも愛称があります。「オータニサン」です。実況を担当していたアナウンサーが興奮気味に叫んだことから、広くファンの間に浸透した愛称です。愛称といっても、日本人からすれば敬称が付いているだけで普通の言葉なのですが、アメリカ人にとっては「オータニ」よりも「サン」が付いたほうが発音しやすく、また耳にも残るんですね。癖になるリズム感、イントネーションなのでしょう。

ネーミングは目で見る文字、そして耳で聞く音。両方の側面があります。視覚に訴えるネーミングと聴覚に訴えるネーミング。「オータニサン」は音に優れたネーミングです。

「イチロー」は字面も良く、響きも良い。まさに奇跡的な完成度のネーミングだといえます。

私が好きなネーミングの実例

イチローというネーミングの素晴らしさについては、おわかりいただけたかと思いますが、世の中には他にもたくさんの優れたネーミングがあります。私が素晴らしいと感じたものを、解説付きでご紹介していきます。

さくら銀行

三井銀行が太陽神戸銀行を合併し、太陽神戸三井銀行を経て商号変更した『さくら銀行』。２００１年（平成13年）に住友銀行に吸収合併されて解散してしまいましたが、ずっと残してほしかったネーミングでした。

実に単純ですが、シンプルイズベストとはこのことです。日本人が愛でる花を冠した、非常に優しく美しいイメージのネーミングです。

果物や草花の名前というのは、ネーミングにはうってつけです。発音された瞬間、耳にした人の脳裏に優しく、柔らかいイメージが浮かびます。

『トマト銀行』などもありましたが、テレビ局でも果物や草花の名前が使用されています。山形県のフジテレビ系列テレビ局は『さくらんぼテレビ』。富山県のＴＢＳテレビをキー局とするＪＮＮ系列のテレビ局は『チューリップテレビ』。また巷でも、どんぐり音楽教室、すぎのこ保育園といった感じで、音楽教室や保育園などにも使われていますよね。

ARTISAN　アルチザン

アパレルブランドの名称です。ARTISANとはフランス語で、職人さんのこと。このブランド名は『日本の文化、伝統美の追求。西洋との調和で新しい感性を生み出す。日本の職人さん、世界の職人さんの技をお借りして、お客様に感動していただけるもの創りをしたい』というコンセプトをもとに名付けられています。

高貴な響きがあります。フランス語というのは語感がお洒落ですよね。

広告マン時代の打ち合わせの際、『アルチザン』を販売しているFIVE

ＦＯＸ社の担当者の方が「アパレル業界のレクサスを目指しているのです」とおっしゃっていました。もっともっと世界的に有名になって、根付いてほしいですね。

いきなりステーキ

これは秀逸です。解説は不要ですね。店のスタイルをあまりにもストレートに表した、素晴らしいネーミングだと思います。ただ、現在はそれに追従してなのか『やっぱりステーキ』だとか『88ステーキ』なんていうお店もできてきていますよね。

道の駅

かなり地味なのですが、私が最も成功していると感じるネーミングのひとつです。初めて聞いた時は「意味はわかるけど、冴えないネーミングだなぁ」と思ったものでした。また「ドライブインを言い換えただけじゃん」とも感じていました。

しかし、『道の駅』は完全に市民生活に浸透しました。とんねるずの〝男気じゃんけん〟で、かなり認知度と好感度を上げたこと。そして各地の『道の駅』が、個性を前面に押し出して営業努力を重ねた、その賜物だと思います。

そして『道の駅』というネーミングが、わかりやすさ、親しみやすさという意味ではかなり力を発揮したはずです。派手でインパクトがある響きではなく、地味だったからこそ、流行りもので終わらず、ひとつの文化として根付いたともいえるでしょう。

ちなみに『道の駅』という名称は、地域振興論が専門の熊本大学名誉教授の徳野貞雄氏が農業・農村活性化の事業名に用いたものを、建設省が転用したものです。

カラオケ館

これも『いきなりステーキ』と同様、そのものズバリ系ネーミングの好例です。これ以上にわかりやすいネーミングがあるでしょうか。

〝カラ館〟という略称、愛称も考慮したうえでのネーミングだと思います。短く、覚えやすく、発音しやすい愛称、略称がある。これはネーミングにおいて最高のオプションです。

同じカラオケ業界ですが、『歌広場』もまた秀逸なネーミングですね。これもまた〝うたひろ〟という略称、愛称で広く認知されています。

マツモトキヨシ

人名をそのままネーミングにするというのは、ファッション業界でよく見られます。『コシノジュンコ』、『タケオキクチ』などデザイナーの名前が、そのままブランド名になっていますよね。しかし、極めて庶民的なドラッグストアでやるというのは、インパクトがありました。

これもまた、〝マツキヨ〟という略称が浸透していますし、小学生でも読めるカタカナ表記というのも素晴らしいです。

てもみん

手で揉むから『てもみん』。これも『いきなりステーキ』や『カラオケ館』と同様、そのものズバリ系ネーミングです。ソフトでかわいらしい響きですから、優しくて丁寧な施術を想起させます。

ブルーレットおくだけ

小林製薬は、機能そのものをネーミングにした製品が多くあります。「名前は思い出せるけど、あれは何の商品だったっけ?」という現象が起こりません。

君の膵臓をたべたい

映画化された住野よる著の青春小説のタイトルです。小説のタイトルは古来から面白いものが多いですが、これは近年で最もインパクトのあるものではないでしょうか。

この著者には、他に『よるのばけもの』という作品もあります。「春はあけぼの～」の韻を踏んでいるのでしょう。とにかく耳にして楽しいタイトルを付ける小説家です。思わず読みたくなりますよね。

セルフ〇〇〇

これは固有名詞ではなく、よく見られる看板の文字ですが、代表的なのはガソリンスタンドですよね。

この文字が視界に飛び込んでくると、「安い！」と直接的に表現していないにも関わらず、安いと思ってしまいます。実際にはセルフよりも有人で安い店はたくさんあります。でもセルフといわれると、安いと思い込んでしまうんですよね。その心理をうまく突いていると思います。

また、最近では「セルフレジ」なんていうのも一般化されてきていますよね。なんかそっちのほうが早いと感じてしまいます。

ティラノサウルス

精力剤のネーミングです。販売・製造元のサプリメント会社の社長とは仲良くさせていただいていますが、なんでも「サプリメントの開発時に偶然できてしまった商品」だそうです（笑）。

強さの象徴である恐竜、中でもとりわけ強い肉食獣の名前をそのまま使っているのがいいですね。実にわかりやすく、インパクトも強いです。本当に秀逸かつ洒落っ気たっぷりのネーミングだと思います。著作権や肖像権が発生しないところもいいですね。

この名前を知った時は「素晴らしい！」と口に出して絶賛しました。その後、女性用もあるとのことでネーミングを聞いてみたら『不二子』。思わず「さっきの素晴らしいは撤回！」と言ってしまいました。

この精力剤は、秋葉原の某アダルトショップで、10週連続売り上げ1位を獲得したことがあるそうです。この商品の成功要因は、効能はもちろんネーミングのおかげも大きいでしょう。

ちなみに学術名はネーミングに利用しても大丈夫です。

〝なつふゆ〟ではなく、〝かとう〟と発音します。これは都内のとあるホルモン焼きの店名です。加藤さんという店主が経営しているのですが、加藤ではなく、ちょっと洒落っ気を利かせたネーミングです。「こう書いて〝かとう〟と読むのか、へぇ～」と一度納得すると、なかなか忘れません。忘れにくいネーミングというのは強いです。

萬福楼

〝まんぷくろう〟と読みます。私の幼なじみがやっている群馬県渋川市にある中華料理店の店名です。

たいそうな頑固オヤジで、客に対しても平気で「出てってくれて結構！」的な対応をしたりしますが、ノリがよく面白い大将でもあります。店名も私の思い付きで「おーいいね、そーしよう」と変えちゃうくらいです。

店名はかつて『万福楼』でしたが、〝萬〟のほうが中華っぽいよ、と私が提案して変更となりました。

その後、常連さんから「まんぷくと満腹を掛けて、さらに鳥のフクロウに掛けてみてはどうか」というアイデアが出てきて、イメージキャラクターまで作りました。

大将が素晴らしいのは、良いと思ったことは瞬間的かつ臨機応変に対応するという姿勢です。

余談ですが、この店で私が好きなのは餃子と〝ウンパイルー〟という豚肉に野菜たっぷりの料理。そして牛乳ラーメンです。辛味噌を追加注文して牛乳ラーメンに入れると絶品です！　通好みの裏メニューという感じですが、お立ち寄りの際はぜひお試しあれ。

ウェーブストレッチリング

ウェーブストレッチと呼ばれるストレッチ方法があります。その際に使用するリング状のグッズです。ネーミングそのものというより、この形状をアイコン化していることが素晴らしいですね。

社員の名刺にも、このリングのイラストが入っているため、非常にわかりやすい。見事なアイキャッチです。

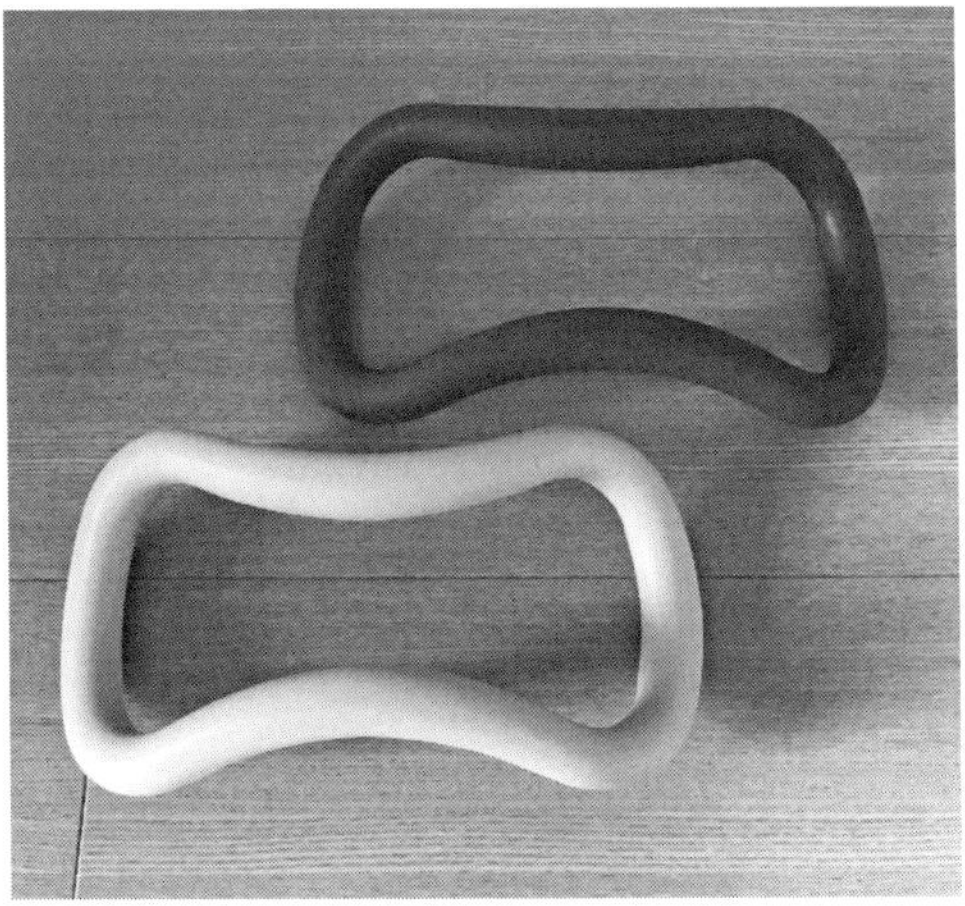

自動車業界のネーミング戦略

前項で私が好きなネーミング例をいくつか挙げましたが、もうひとつ『LEXUS（レクサス）』も加えたいと思います。

レクサスは〝ラグジュアリー〟と〝最先端テクノロジー〟を表す造語だとされています。たしかに言葉の響きは上品な感じがしますが、私が評価しているのはブランディングです。トヨタの高級車、上位車種という分類ではなく、ブランドそのものを作った点です。

「車は何に乗ってるの？」と人に聞かれたとします。「プリウス」「アルファードだよ」という風に車種名で答えるというのが一般的でしょう。しかし、レクサスに乗っている人は「レクサス」と答えます。「レクサスのRX450」という風に車種まで答える人は少ないと思われます。

これは、メルセデスベンツやBMWなど高級外車のユーザーと同じ現象です。つまり、レクサスというステータスに誇りを持っているのです。トヨタの目論見通りだといえるでしょう。

ブランディングといえば、マツダも大きな決断をしました。2019年（令和元年）5月にフルモデルチェンジした『アクセラ』を『マツダ3』に改名。同年7月には『アテンザ』が『マツダ6』、続いて『デミオ』も『マツダ2』に改名されたのです。ペットネームを廃止し、車名を数字化していく方針を採ったのです。

『ポルシェ911』『プジョー205』『フィアット500』といった具合に、数字の車名は海外では多く見られるものです。このネーミングの仕方はBMW

が元祖で、例えば『ＢＭＷ３１８』というのは、百の位がシリーズ名、十の位と一の位で排気量を表しています。この場合は３シリーズの１８００ＣＣという意味ですね。

しかし、こういった数字の車名は日本車では初の試みとなります。レクサスもペットネームではなく『レクサス　ＲＸ４５０』という風な車名ですが、アルファベットと数字の組み合わせになっていますから、数字だけの車名採用というのは、マツダもずいぶんと思い切ったネーミング戦略に出たものです。

しかし、マツダも急に思い立ったわけではありません。欧州での展開で、最も小さいＢセグメントに『マツダ１２１』、Ｃセグメントに『マツダ３２３』という風に車名変更して、あらかじめ下地を作っていたのです。欧州の次はアメリカで実施して、最後に満を持して日本で展開しました。つまり世界戦略の一環だったわけです。

とはいえ、数字の車名は合理的な分だけペットネームのような身近さは薄くなります。車好きの中には、寂しさを覚える人もいるかもしれません。それでもマツダが決断を下したのは、車名変更にメリットを感じたからでしょう。

例えば、新しい車種を開発したり、大幅にモデルチェンジしたりした場合に車名は変更されます。その際に、ペットネームだと海外展開するにあたって、商標的に使用できないことがあるのです。また、現地の言語ではネガティブな意味合いになってしまう危険性もあります。マツダはそういった煩雑な手間を省き、世界戦略を目論むうえで好都合な数字化に踏み切ったのでしょう。

ペットネームがなくなって寂しいというユーザーも少なくないはずですが、時間の経過とともに慣れていくでしょう。私はマツダの思い切った決断と挑戦に敬意を表したいと思います。

国産自動車メーカーが新たなネーミング戦略に挑戦している一方、悪例といいますか、わかりづらいネーミングが道路上に存在していることにお気づきでしょうか？

　私が以前から不満に思っているのが、『首都高速の案内標識』です。行先の地名がわかりづらいこと、このうえないのです。首都高に乗った際に、どっちに行ったらいいのか迷った経験があるという方は少なくないはずです。

　谷町といわれても、即わかる人はどれくらいいるでしょうか？　都民ですらわからないのですから、地方の方や観光で上京してレンタカーを運転する人たちにとっては、至極わかりづらいはずです。浜崎橋ではなく品川でいいと思いますし、三宅坂ではなく赤坂、箱崎ではなく日本橋でいいと思うのです。あれは何とかならないものでしょうか。

　ネーミングから少々離れてしまいますが、最後にナンバープレートについて提案をひとつ。湘南ナンバーや品川ナンバーが人気ですが、私はこの二強を崩すことができるナンバーを思いつきました。『麻布ナンバー』です。欲しがるドライバー、多いと思いませんか。

第二章

ネーミング作業の流れとコツ

ネーミングの前にすべきこと

では、いよいよネーミング作業について説明していきます。といっても、いきなり名前を考えるわけではありません。ネーミングを行う際、まず最初にすべきことは、対象となる商品（企画）を分析することです。しっかりした分析をもとに、ネーミングに落とし込んでいくイメージです。

ここにひとつの商品（企画）があります。ネーミングの前に、次のような作業が必要になってきます。

①商品（企画）の特性、性質を把握します。それはどういった商品（企画）

なのか？

②商品（企画）が置かれている現状を把握します。同様の商品（企画）はどのくらい売れているのか、売れていないのか？　競合商品（企画）は何なのか？　どれくらいライバルがいるのか？

③この商品（企画）の優位な点、劣っている点を冷静に分析します。

④この商品（企画）の強み、オリジナリティについて考えます。

⑤ターゲットを決めます。前述の分析や目標、課題を鑑みて、誰に売り込んでいくべきなのかをはっきりさせます。

⑥ターゲットが決まったら、その動向を調べます。

⑦目標や課題の設定です。具体的な売り上げ値をどれくらいにするのか？　どんな課題をクリアしたいのか？

⑧リスクを考えます。この商品（企画）を売るためには、どれだけの労力や人手が必要なのか？　そのためにはどれだけのコストがかかるのか？　具

体的な赤字の数値、どれくらいの期間で挽回できるのか？　といったことを念入りに計算します。

このように、8つの段階を経てからネーミング作業に入っていきます。戦略、戦術、目標、夢など、ありったけの思いを凝縮させたもの。それがネーミングなのです。

ネーミングは必然的に吐き出される答え

次は、具体的な事例で考えてみましょう。仮に、中華料理のお店を始めたいとします。

まず考えるべきことは、外食産業自体の景気はそもそもどうなっているのか？　ということです。中華料理に元気がなく、イタリア料理が流行っているかもしれません。その場合、中華料理をやめて流行りのイタリア料理に変更するのか？　あるいは逆にチャンスと捉えて、あえて中華料理で勝負するのか？

そして、中華料理店に決めたとしましょう。その地域での既存の中華料理店は儲かっているのかどうなのか？　ライバルは中華料理店だけとは限りません。立地によっては大衆食堂、ファミレス、回転寿司など他ジャンルもライバルになってきます。

次は優位な点、劣っている点を考えます。メニュー数は多い。しかし値段が安くはない。自家製麺には自信がある。スープはまだまだ改良の余地がある。そんな風に料理を客観的かつ冷静に分析します。

そのうえで、メニューにどんな特長を持たせるかを考えます。餃子に特化するのか？　辛いメニューを推すのか？　安価や大盛で勝負するのか？

そしてターゲットの動向を把握、分析します。客になりそうな層の性別や年齢層はどういう分布になっているのか？　最寄り駅は東口と西口なら、どちらが人の流れが多いのか？　人々の時間帯別の行動はどうなっているのか？　さらに、曜日別行動や人口構成比はどうか？　ターゲットにとって、店舗型とデリバリースタイルはどちらが向いているのか？

次に目標の設定です。細く長く経営を続けていきたいのか？　5年をめどに次の店舗を出店したいのか？　将来的にフランチャイズ化したいのか？　海外展開を考えているのか？

最後にリスクの考慮です。初期費用、運転資金、人件費、店舗の耐久性、仕入れ先の評判と選定など、不安材料をことごとく挙げて、ひとつひとつに現段階での答えを出しておきます。

お気づきだと思いますが、ネーミングを考えるということは、コンセプトそのものを考えるということです。緻密な戦略の末にネーミングが決まっていくのです。言い換えれば、ネーミングというのは入念な分析のもとに、ある意味必然的に吐き出される答えのようなものなのです。

例外もあります。最初の段階で商品（企画）に相当な自信を持っている場合、そして素晴らしいネーミングを思いついている場合です。これは絶対にウケる。絶対に売れる。そう信じて疑わないものです。

それでも、やはり検証は必要です。前述の流れで改めて戦略を練ると、どこかに必ずほころびや隙が見つかります。そうすると、最初に考えていたネーミング案や品物そのものに、改良や修正を加える必要も出てくるでしょう。いずれにせよ先ほどの手順は、順番はどうあれ必ず考えなければなりません。この手順を踏んでいないと、そのプロジェクトは失敗し、ネーミングも無駄になる可能性が高いのです。思いつきでうまくいくほど甘いものではありません。

キーワードの抽出

前述の8つの行程を経て戦略が決まったら、いよいよネーミング作業に入ります。

といっても、いきなりネーミング案を出していくわけではありません。プロのコピーライターであっても、いきなりネーミングがポンポン思い浮かぶなんてことはないのです。まず、やることはキーワード出しです。

先ほどの中華料理店の例でご説明しましょう。8つの行程の結果、

・最寄り駅の東口に店舗を構える
・ビジネスマンや学生など独身男性向け
・辛さにこだわった、自家製麺が自慢の店

というコンセプトが決まったとします。この分析結果から、キーワードを抽出してみましょう。

・東口
・独身男性
・辛さ
・自家製麺

このひとつひとつのキーワードについて、さらに掘り下げていきましょう。

・東口 …… ひがし、ヒガシ、east、east entrance、太陽の昇る方向、あづま、アヅマ

・独身男性 …… ひとり、独り、俺、僕、single、bachelor、男、men、メンズ

・辛さ …… 激辛、超辛、スパイス、pain、hotness、ヒーハー、発汗、レベル100

・自家製麺 …… 麺、めん、メン、ヌードル、noodles、手打ち、homemade、private noodle-making、オリジナル

こういった具合に、本当はもっとたくさんの、思いつく限りのキーワードを書き出してみるのです。

例えば、独身男性カテゴリーに出てきた「men」「メンズ」と、自家製麺カ

テゴリーの「麺」「めん」「メン」が同じ発音であることに気がつきます。

そこから導き出されるネーミング案があります。男性と麺を掛けたものです。例えば「men's」「男麺（おとこめん）」といった感じです。これはあくまでも即席の例ですので、もっとブラッシュアップが必要ですが、考え方としてはこういったアプローチ法です。

ネーミング作業に欠かせないもの

キーワードを出せば出すほど、ネーミングの可能性は広がります。どこの国のどんな言葉でも何も問題はありません。作り手の自由ですから、可能性は無限大なのです。

日本語であれば漢字、ひらがな、カタカナ。英語もあればフランス語、ドイツ語、スペイン語、ロシア語、中国語、韓国語……ｅｔｃ。これに数字も加わってきますから、膨大な言語数になります。

自動車の名前を例に出してみましょう。わかりやすくトヨタ車で統一してみます。

クラウン

言わずもがなのロングセラーモデルです。車名の由来は英語のＣＲＯＷＮ（王冠）です。フラッグシップに相応しいネーミングですね。

スープラ

〝超えて〟〝上に〟といった意味のラテン語（SUPRA）です。

アルファード

英語表記はALPHARD。星座の中で最も明るい星、を意味するギリシャ語のα（alpha）に由来する造語です。

カムリ

英語表記はcamryですが、これは完全な造語です。車名の由来は冠（かんむり）。クラウンとのつながりを感じさせますね。

MIRAI

世界初のセダン型燃料電池自動車です。発音はミライ。車名の由来は日本語の未来です。

カムリやミライは日本語遊びですが、クラウンは英語、スープラはラテン語ですし、アルファードはギリシャ語由来を加工しています。

このように、ネーミングは世界中の言語を利用できるものなので、可能性が無限大なのです。

英語だけであれば、今どきは重たくて分厚い辞書を持ち出さなくても、インターネットの翻訳機能ですぐに解決できますね。

しかしラテン語だ、ギリシャ語だとなってくると、なかなか骨が折れます。この大変な作業を、便利かつ快適にしてくれるものがあります。いわゆるネーミング辞典と呼ばれるネーミング作業に特化した辞典です。中でも定番中の定番がその名も『ネーミング辞典』（学研プラス刊）です。第三版を数える歴史ある辞典です。

この辞典は8か国語を対照できます。例を出しましょう。

ともだち

英語	friend	フレンド
ドイツ語	freund	フロイント
フランス語	ami	アミ
イタリア語	amico	アミーコ
スペイン語	amigo	アミーゴ
ラテン語	amicus	アミークス
ギリシャ語	φίλος	ピロス
ロシア語	Друзей	ドルーク

こういった具合に、ひとつの日本語に対して8か国語の翻訳が一覧できます。発音も書いてあります。通常の辞書やインターネットですと、それぞれの言語を翻訳しなければいけませんから大変ですよね。これなら一目瞭然です。

項目は「動物、植物」「自然、天体、四季」という具合にテーマ別に構成されているので、キーワードを抽出する際に非常に助かります。

また50音順の総索引があり、探している言葉にすぐたどり着けます。逆引きカタカナ語索引で、音の響きから検索することもできるので至極便利です。

この辞典は、広告代理店のプロフェッショナルたちも愛用しています。学研からは他にも『クリエーターのためのネーミング辞典』も出版されており、こちらも8か国語対照ができる、素晴らしい辞典です。

いずれか一冊あれば、キーワードがどんどん出てきますから、ネーミングの表現の幅や可能性が大きく広がります。ぜひお手元に一冊置いておくことをお薦めします。

また『類義語辞典』もお薦めです。いろいろと言い回しの違う言葉を教えてくれるからです。ある程度ネーミングが決まっても、なかなかしっくりいかない時などに威力を発揮してくれることでしょう。これはネーミングに限らず、日常でも使える便利なアイテムだと思いますので、ぜひとも入手いただけたらと思います。

アイキャッチ力を上げるためのヒント

キーワードというのは、いわば食材です。食材が美味しければ料理も美味しくなります。すなわち料理がネーミングです。しかし、料理の仕方を間違えると、せっかくの食材が台無しです。

キーワードからネーミングに落とし込んでいく際、注意したいのは字面と響きです。アイキャッチに優れたもの、そして耳障りのいいものです。

耳障りが良いか悪いかは、実際に自分で発音してみればすぐにわかります。言いづらいようでしたら、他人も言いづらいものです。

まずはアイキャッチ力の高い、字面の良いネーミングを目指しましょう。では、良い字面というのは一体どういうものでしょうか。今から項目別に見ていきましょう。

1 左右対称の漢字

例えば、漢字を使ったネーミングを考えてみましょう。漢字は平易なものから難解なものまで無数に存在します。しかし、漢検の資格保持者しか読めないような難しすぎる漢字はネーミングには適しません。よほど狙いがあって、あえて使用する場合を除いては、難解な漢字は避けるべきでしょう。

もうひとつ漢字を使用する際に知っておきたいポイントは、左右対称、すなわち線対称な漢字です。鏡を真ん中に置いて成立する漢字です。

- 本家の「本」
- 総本山の「山」
- 共済の「共」
- 金閣寺の「金」

お茶と海苔で有名な日本橋の老舗『山本山』なんて、最高のネーミングだといえます。本家や総本山というのも、歴史を強調する狙いはもちろん、字面が良いからネーミングに積極的に使用されているという理由もあると思います。

以下、左右対称な漢字を並べてみます。参考になさってください。

一 十 人 二 八 干 口 工 三 山 士 大 土 个 王 中
天 廿 日 夫 文 木 凹 央 且 甘 古 甲 皿 囚 出 申
旦 田 凸 本 末 未 目 由 因 回 吉 曲 圭 合 全 早
東 亘 亜 杏 果 串 言 困 車 呈 芙 呆 里 英 画 苦
固 幸 舎 昌 昔 東 苗 亞 杳 茉 音 革 査 草 美 品
某 冒 韭 華 栗 莫 栞 菓 基 章 菖 喜 晶 童 菲 量
罟 豊 轟 父 六 半 平 共 交 貝 谷 具 其 典 茶 員
貢 真 異 黄 責 貴 會 穴 豆 米 羊 など

2 1 I l に注意

Ⓐ 1

Ⓑ I

Ⓒ l

何と書いてあるかわかりますか？　これはⒶが数字の「1（イチ）」、Ⓑがアルファベットの大文字「I（アイ）」、Ⓒが小文字の「l（エル）」です。時間をかけてじっくり見比べない限り、見分けがつきませんよね。ましてや老眼の方であれば、いくら覗き込んでもわかりません。

IIZUKA、IIYAMA。飯塚さん、飯山さんという苗字の方には申し訳ないのですが、読みづらいですよね。IKAHO（伊香保）ですら読みづらさを感じてしまいます。

このように直線の文字が続くと、非常に見づらいものなのです。特に車で走っていて、通り沿いの看板やお店の屋号が目に入ってくる際、直線だらけの表記だと、すぐには読めないのです。なんて書いてあるんだろう？　と思っているうちに車は走りすぎてしまいます。

対して曲線は読みやすく、柔らかい印象を与えます。『JA共済』。これは良い字面ですね。座りがいい。「J」は直線的でもありますが、左へ曲線的に跳ねています。そして「共」は左右対称です。

さて、今度は曲線のアルファベットを一部羅列してみましょう。

IIZUKA
IIYAMA
IKAHO

C
Q
S
a
e

ここで再びｅスポーツを例に出しましょう。お気づきだと思いますが、Ｅスポーツではありません。ｅスポーツです。この言葉が生み出されたのは、１９９０年代末期とも２０００年代初頭ともいわれていますが、海外で呼ばれていた名称がそのまま日本に入ってきたというものです。

近年では、「ｅ」の部分をあえて「Ｅ」とするケースも多くなってきていますが、私的には断然小文字の「ｅ」表記のほうが気に入っています。もちろん個人的な好みもありますが、小文字の「ｅ」のほうが曲線的でかわいらしく、柔らかいと感じませんか？

ただし、例外もあります。『ＩＨＩ（石川島播磨重工業）』です。直線のみの表記ですが、これは縦横いずれの表記も左右対称になっています。横組みの場合はロゴっぽくなっていて、表記としてちょっと面白いんですね。３文字がまるでひとつのマークのように見えるのです。しかも企業努力によって、社会にしっかりと根付いたネーミングとなりました。ですからこれはアリなのです。

〝直線〟の例外をもうひとつ。私が最近「本当にセンスあるなぁ」と思うロゴがあります。それはＴＢＳの23時台のニュース『ニュース23』の５本の直線のロゴです。左２本、右３本の下にＮＥＷＳの文字を配し、その左に23。このデザインを考えたクリエーターには本当に脱帽します。かっこよすぎです。

また、コンピューターメーカーの『ｈｐ（ヒューレットパッカード）』のロゴも洒落ています。これは『ニュース23』のロゴと同様に直線のみのデザインなのですが、長短の斜めの線が2本ずつの4本だけで「h」と「p」を表現しています。ちょっと線を省いただけで、斬新な力強いアイキャッチに仕上げてしまうところにセンスを感じます。

3 ひらがなは柔らかく、カタカナはシャープ

松本清氏が創業した『マツモトキヨシ』。これを3種類の表記にしてみましょう。

- 松本清
- まつもときよし
- マツモトキヨシ

いかがですか？　まったく印象が変わりますよね。ドラッグストアの店内というのは清潔感が命です。柔らかいひらがなよりも、サッパリとしたカタカナのほうが清潔感を感じさせます。ドラッグストアの表記として一番向いているわけで、だからこそカタカナ表記が採用されていると思われます。

素晴らしいネーミングを思いついたとしても、表記の仕方次第では威力が半減してしまうこともあります。一方で『マツモトキヨシ』のように、表記ひとつでネーミングの魅力が倍増するケースは多々あるのです。

ネーミング力を養うために必要なこと

ネーミング作業において、キーワード抽出がいかに大切かはご説明した通りです。ではキーワード抽出の力を養うためには、どうすればいいのか。

それは語彙力の向上に尽きます。いかにたくさんの言葉を知っているかです。『ネーミング辞典』や『類義語辞典』という虎の巻をご紹介しましたが、刻々と変化する時流と流行を把握することで、よりタイムリーかつキャッチーな言葉を生み出すことができるようになります。

語彙力を向上させるための方法をいくつかご紹介します。

1 アンテナを張る

アンテナを高く張り、広く浅く情報収集することです。政治、経済、国際情勢、芸能、スポーツなど幅広く、柔軟にニュースを取り込みましょう。

特に新聞はヒントとなる言葉の宝庫です。私がお勧めしたいのは新聞の『見出し』。言葉の使い方、表現の仕方などをポイントにして読むと、また違った受け止め方が絶対に見つかるはずです。

あと電車の中吊り広告もヒントの宝庫です。特に雑誌系の広告。普段何気なく生活している中でも、目的意識を持ってちょっと意識を変えるだけでアンテナは高く張れるのです。そうすれば、必ずやヒントになるキーワードが見つかるはずです。

2 CMに学ぶ

テレビやユーチューブのCMを注意して見てみましょう。商品、店、技術……etc。

CMは凄まじい数のネーミングであふれています。初見のCMでしたら、この商品にはどんな名前が付いているんだろう？　と自らにクイズ形式を課して考えてみれば、ＣＭ終了後に「そう来るか、なるほどね」と勉強になります。

またお馴染みのＣＭであっても、この企業はどうしてこのネーミングを採用したんだろう？　と改めて考えてみてもいいでしょう。中にはネーミングの失敗例もあるでしょうから、反面教師にもなります。

あとＣＭのいいところは、ネーミングを視覚的にも聴覚的にも判断できる点です。商品名が映し出された際、漢字なのか、ひらがななのか、カタカナなのか、アルファベットなのか、表記を確認できます。そしてロゴデザインも確かめられます。

そして聴覚です。たいていのＣＭでは商品名を告げますから、耳障りがいいかどうかを判断するのです。自分の耳にすっと入ってきて忘れにくいネーミングに注目して、そのコツを盗みましょう。

3 常に疑問を持つ

これは本当にこれでいいのだろうか？　もっと違う良い方法があるのではないか？　そんな風に常日頃から考える癖を付けることです。

常に疑問を持つことは、ネーミングに役立つだけではありません。そこには、ビジネスチャンスが秘められています。もっとこうすればいいのに……じゃあ会社を作ってしまおう。じゃあ商品を開発して特許を取ってやろう。そんな発展性を持っています。事実、この後に触れますが『SAMURAI JAPAN』は、その問題意識があったからこそ誕生したワードなのです。

4　自分なりに結論を出す

問題意識を持ったら、まずは間違っていてもいいので、自分なりの方法論で進んでいき、自分なりに何らかの結論を出すように心掛けましょう。そのような癖を付けるのです。進むことで右往左往することもありますが、何が必要なのか？　何が足りないのか？　その方法が合っているのかどうかがわかります。気づくことができます。

そして、結論に向かうために信念を持って突き進むことは間違いではありませんが、時には止めること、改めることも必要です。決めた結論を目標とするのではなく、問題点の解決を信念とするのです。そうすれば、必然的にいろいろな方法論が考え出されますし、結論も変化していくことでしょう。

一方向的な考えや結論ありきでは、良いネーミングは生まれません。臨機応変、柔軟性が必要なのです。

5 未来をイメージできるかどうか

物事や仕事がうまくいくのは、「きっとこんな感じで成功するだろうなぁ」とイメージが浮かぶ時です。ネーミングも同じです。みんながそのネーミングを口にしているイメージ。親しみを持ってもらっているイメージ。そしてネーミングが将来性や発展性を持っているか。そういう物差しで、世の中にあふれている言葉やネーミングを観察していただけたらと思います。

捨てる勇気で伝えることを整理

電通の社員時代、私はＯＢ訪問で訪ねてくる就活学生たちによく面接のアドバイスをしていました。

学生たちは、ここぞとばかりにすべてを伝えたがります。あれもこれもと自己アピールするのです。気持ちはわかります。いかに自分が「御社にとって魅力的な人材であるか」をアピールしたくて仕方がないわけですから。

しかし、あのエピソードもこの経験も、とすべてを語ろうとしてはいけません。時間内に収まるわけがないし、話があっちこっちへ分散してしまって聞き手に伝わりません。物事を伝える時は〝捨てる勇気〟が必要なのです。

「一言でわかるキーワードを探しなさい」

私は、学生たちにそうアドバイスをしてきました。

- 自分はどういう人間なのか
- これまでどんな活動をしてきたのか
- 志望動機を一言で言うなら

面接における三大要素はこれです。このみっつに対して、一言で自分を表すキーワードを探しなさい、というわけです。一言に絞るためには、その他多数の言葉を捨てなければいけません。

私はこの〝捨てる勇気〟について熱心に説きました。すぐにピンと来て修正できる学生は、内定をもらっていました。中には、こんな学生もいました。

「捨てるものがないです。僕には武器と呼べるようなものはひとつしかないので……」

「それならそれでいい。そのひとつで押していけ。面接官はそれを〝潔い〟と評価してくれるかもしれない」

ネーミングも同じなのです。あれも言いたい、これも伝えたい。そんな思いを〝捨てる勇気〟で整理するのです。

捨て方がうまくいけば、良い結果が待っている、ともいえます。ボクサーが無駄な肉を削り、リミットいっぱいで身体を作り上げるのに似ています。研ぎ澄まして、最高のコンディションを作ることができれば、勝利への確率は高くなるのです。

何を捨てればいいか。その精度を高める方法は、経験しかありません。いくらかっこよくても、いくら斬新っぽくても、いくらインパクトがあっても、わかりづらい……。そういう時は捨てる勇気を出してください。わかりやすさに勝る基準はない、と決めてしまっていいのです。

第三章

SAMURAI JAPAN というネーミングは いかにして 生まれたのか

SAMURAI JAPAN誕生秘話

オリンピック、FIFAワールドカップ、世界陸上といった世界的なスポーツイベントは、キラーコンテンツ（集客力のある情報やサービス）と呼ばれています。

キラーコンテンツを生み出すキーワードはふたつ。「ナショナリズム」と「スーパースター」です。すなわち、愛国心と国を代表する優秀な選手です。日本人は、超有名なスーパースター選手が、日の丸を背負って戦う姿を見るのが大好きなのです。逆に言えば、このふたつの要素があれば、キラーコンテンツを生み出すことができます。

２００６年（平成18年）から開催されているＷＢＣ（World Baseball Classic）は、まさにキラーコンテンツに成長しました。世界中から自国を背負って一流選手たちが集い、世界一を決する。中でも我が日本はいつでも優勝を狙える強い代表チームであり、球史に名を刻むようなスター選手たちが常に揃っているわけです。

電通時代、スポーツ局で野球の担当だった私は、この一大イベントに携わり、お仕事をさせていただきました。

当時、野球の日本代表チームは、監督名を冠した○○ＪＡＰＡＮと表現されていました。第一回のＷＢＣの2年前、２００４年（平成16年）のアテネオリンピックにおける長嶋ＪＡＰＡＮ（のちに中畑ＪＡＰＡＮになりましたが）から使用されはじめた呼称です。ちなみに、ソフトボールは当時、宇津木ＪＡＰＡＮでした。そして、２００６年の第一回ＷＢＣは王ＪＡＰＡＮでした。

この○○JAPANという呼び方は、1994年（平成6年）のFIFAワールドカップアジア地区最終予選における〝ドーハの悲劇〟で有名な、オフトJAPANが最初だったと思います。おそらく、新聞社か出版社の記者が名付けたのではないでしょうか。ニックネームやキャッチフレーズというのは、往々にして記者が名付け親であることが少なくありません。何気なく書いた記事、あるいは得意顔で付けた見出しが読者の琴線に触れ、世間に浸透していくわけです。

その後サッカー界では、加茂JAPAN、岡田JAPAN、トルシエJAPANという風に『監督名＋JAPAN』というネーミングが続いていきました。そしてこの流れが、野球界にも波及してきたわけです。

この当時、野球担当だった私は「サッカーの真似じゃないか！」と思っていました。『監督名＋JAPAN』という呼称は、あくまでもサッカー界が作ったムーブメント。野球は野球で何かふさわしい呼称があるのではないかと考えていたのです。

サッカー女子日本代表チームには、すでに『なでしこジャパン』という呼称があり、こちらは素晴らしいネーミングだと思っていました。

私は『監督名＋ＪＡＰＡＮ』に、大きな違和感を覚えていました。別に悪くはないのですが、監督ではなく、もっと選手がフューチャーされるべきではないかと思っていたのです。『なでしこジャパン』のように、選手ファーストな呼称があって然るべきではないかと考え、会議を開きました。

陣頭指揮を執る私は、はじの席を指さして、

「そっちから、ひとつずつネーミング案を出してみてくれ」

と言いました。しかし、ピンと来るものがしばらく出ませんでした。

「どれも、イマイチだなぁ……」

すると、ひとりの社員が、

「サムライって、どうですか？」

と言ったのです。サッカーで『サムライブルー』という呼称はすでにありました。しかし、この日本において〝サムライ〟は、やはり素晴らしい響きなのです。映画『The Last Samurai』よりもずっと以前から〝N・i・n・j・a（忍者）〟とともに世界的に知られる日本語でもあります。なんといっても、武士道精神は日本人のDNAの奥に深く刻み込まれたもの。スポーツという戦いの舞台にしっくり来るのです。

ピンと来ないネーミング案が続く中、ようやく真打ち登場、これならいける！　という感じがしました。

「サムライ・ジャパンでいこう！」

『SAMURAI JAPAN』誕生の瞬間でした。

こんな風に、短い時間の中で一発で決定するのは非常に珍しいケースです。

通常は少なくても50個、多いと何百個ものネーミング案を考えます。費やす時間も、下手をすれば数週間に及ぶこともあります。そしてクライアントとともに数個にまで絞り込み、最終的にクライアントがひとつの名前を選び出すのです。クライアントから「もうちょっと案を出してほしい」と言われれば、さらに追加案を考えます。ですから、ある意味SAMURAI JAPANというネーミングは、極めて珍しい生まれ方をしたといえるのです。

商標登録の壁

・さむらいじゃぱん
・さむらいジャパン
・サムライジャパン

・侍ジャパン
・侍JAPAN
・SAMURAI JAPAN

表記パターンはいくつかありますが、世界大会ですからどこの国の人でも読むことができる『SAMURAI JAPAN』でいくことにしました。

大きな権利が発生することが予想されるネーミングには、その権利をプロテクトするための商標登録が不可欠です。しかしSAMURAI JAPANは登録不可でした。SAMURAIもJAPANも一般名称のため、登録許可が下りなかったのです。

弁理士と相談した結果、図柄との組み合わせで登録することになりました。私はすぐ、現場にデザイナーとの打ち合わせの指示を出し、即いくつかの図柄の候補を出してもらいました。侍が刀に見立てたバットをスイングしているようなシルエット。侍が刀を鞘から抜くようにバットを抜いているシルエット。いろんなデザイン案を出してもらい、最終的には２００９年（平成21年）の第二回ＷＢＣから使用したロゴに決まりました。（現在は呼称は一緒ですが、図柄がホームベースの形をしたものに変更になっています）。

結果から言えば、名称と図柄を組み合わせたセットで商標登録が取れました。仮に、このシルエットを少し変えたものを作る人がいたとしても、異議申し立てをして勝つことができます。

ちなみに、商標登録したのはアルファベットの表記だけです。ですから図柄との組み合わせでカタカナ、漢字＋カタカナ、漢字＋アルファベットを使用した『サムライジャパン』『侍ジャパン』『侍ＪＡＰＡＮ』といった表記は登録していません。

ビジネスのことだけを考えれば、これらも押さえておくべきだったかもしれませんが、結果的にはしませんでした。理由はふたつあります。ひとつはコストの問題です。

アルファベット表記と侍の図柄の組み合わせで登録した際、240万円かかりました。これをカタカナのケースで登録しようと思うと、もう240万円。漢字もやればさらに240万円。文字表記の仕方を変えていくと、それだけで240万円ずつオンされていくわけです（いくつ分類を押さえるかで金額は変化しますが……）。

もうひとつの理由は、意図的にしなかったというものです。予算的に払えない金額ではなかったのですが、あえて登録しない理由がありました。それは、世間のみなさまがもっと自由に、この響きを使って広めていってくれればいいと考えたのです。『くまモン』と同じですね。

もしも規制でがんじがらめにしていたら、『SAMURAI JAPAN』も『くまモン』も、ここまで定着しなかったでしょう。みんなが自由に使えたからこそ定着したのだと思います。

損して得とれ――。

目先の利益を狙わずに、長期的なスパンで考えると、得になるケースはあります。もちろんケースバイケースです。喫緊の利益を手堅く摑んでいくことが、何より優先される場合もあります。

日本eスポーツ連合が誕生するまで

もう少し、商標登録についてお話しします。私は2007年（平成19年）からeスポーツに携わっていますが、この『eスポーツ』という言葉自体は私が作ったものではなく、もともと海外であったものです。命名者は、はっきりしていません。ネーミングされた時期は、１９９０年代後半から２０００年代初頭にかけてといわれています。

私が携わるようになった２００７年当時、ｅスポーツは日本ではほとんど知られていない言葉であり、もちろんその存在も知られていませんでした。そこで『日本ｅスポーツ協会設立準備委員会』を立ち上げました。

ｅスポーツという言葉が、徐々に日本のマスコミでも取り上げられるようになった２０１５年（平成27年）、きちんと法人化しないと取り返しのつかないことになったら大変だ……ということで、同年4月に一般社団法人『日本ｅスポーツ協会』を会社組織にしました。

同年10月に『ｅスポーツ促進機構』、翌年に『日本ｅスポーツ連盟』という組織も作られたのですが、ＪＯＣや日本スポーツ協会等への加盟、日本国内におけるｅスポーツの発展、選手の地位向上と環境整備などを考え、このみっつの団体をひとつにしようという動きが生まれ、２０１７年（平成29年）初冬に合併という形でひとつの団体に生まれ変わりました。

私はそこで、みっつの組織の統一団体の名称として『日本eスポーツ連合』というネーミングを提案しました。

世界のスポーツ界の潮流を見ると、団体というのは次の4つのいずれかでネーミングされることがほとんどです。

- アソシエーション（association　協会）
- フェデレーション（federation　連盟）
- オーガニゼーション（organization　機構）
- ユニオン（union　連合）

協会と連盟と機構が一緒になる。そして連合というワードは使われていない。ごく自然な成り行きで、『日本eスポーツ連合』と名付けたわけです。

実は『eスポーツ』は、私が電通在籍中に電通として商標登録を取りました。2007年当時はほとんど知られていない言葉でしたが、海外ではすごい人気になりはじめていました。世界の趨勢を睨めば、これから間違いなくeスポーツの時代が来る。だから、きちんとした人あるいは組織が商標を持っていないとまずい、と考えたのです。もちろん私は一会社員ですから、企業の利益面から見てもいいし、ビジネスチャンスが広がるとも考えていました。

私が絵を描いていた通り、日本でも浸透しはじめた『eスポーツ』という名称は、『2018年ユーキャン新語・流行語大賞』で優秀賞を受賞しました。

商標登録する意味

先述しましたが、ビジネスの規模が大きくなると、商標登録という手続きが必須になります。

1997年（平成9年）のことです。私は福岡で開催された陸上競技の年間王者決定戦『IAAFグランプリファイナル』を担当しました。その際に、主催の国際陸上競技連盟IAAFから「商標登録をお願いします」と指示がありました。当時の私は「まさか。大丈夫だろう」と高をくくっていましたが、なんと『IAAF』はすでに陸上競技とはまったく無関係の人が登録していたのです。最終的には、国際組織ということで事なきを得て無事に商標登録を認められましたが、この時は焦りましたね。

商標登録は先願・登録主義が原則で、申請は誰でもできるものです。登録が認められれば大きな利益を生む可能性があるため、ビジネス利用されることが多いのです。

2002年（平成14年）、千葉県在住の一般男性が『阪神優勝』ロゴを商標登録し、球団がその無効を求めて提訴した騒動がありました。結果的には、のちに球団側の主張が認められたのですが、阪神サイドはかなり肝を冷やしたことでしょう。

阪神騒動は一般男性の方とのひと悶着でしたが、厄介なのは反社会的勢力や諸外国が相手の場合です。商標登録やドメイン登録は、合法的に攻めることができるいわばビジネスウェポン（武器）なのです。元号が変わった瞬間、中国で『令和』が商標登録されていることが現実を教えています。

実はeスポーツも、岐阜県のとある企業が先に商標登録していました。ただし、それはアパレル関係の項目で登録されていたので、それ以外の用途、項目ということで無事に商標登録することができました。

小文字のeを使った表記で登録しましたが、例えば大文字で『Eスポーツ』という名称を使用される危険性もあります。しかし、これは〝明らかな類似〟

ですから異議申し立てができますし、たぶん連合側が勝てると思います。

ビジネスの規模が小さい場合はどうでしょう。例えば、あるご夫婦が小さな飲食店を開き、店名をネーミングした場合です。

この場合は、店名を商標登録する必要はないと思います。ただ登記は必要です。出店する住所を管轄する法務局に申請すれば、よほどのことがない限り登記できるはずです。

例を出しますと、私の個人会社の名称は『ＨＳＢＣ（平方スポーツビジネスコンサルタント）』です。世界的に見れば、ＨＳＢＣといえば『香港上海銀行』のことなのですが、登記の際に本所の所在地が違うので……という解釈で登記ができました。というわけで、登記する際には法務局と密に相談することをお勧めします。

また個人会社・個人店舗では、権利をプロテクトするために数百万円の大金をかけるのは大損です。お店が軌道に乗ってフランチャイズ化し、全国展開するような大きなビジネスになってきたら、他社に真似されないように権利をプロテクトすればいいのです。ただし、登記と商標登録はまったく別なので、専門家の意見を聞いたほうがいいということは言うまでもありません。

ワールドカップ放映中！　はアウト

細かい話になりますが、『ＷＢＣのサムライジャパン戦、放映してます！』とか『サッカーワールドカップ放映中！』といった看板を出している飲食店がよくありますよね。厳密に言えばあれは違法です。

『ＷＢＣ』や『ワールドカップ』というキーワードでお客さんを呼び、商売をしていることでアウトなんですね。放映するにあたってはサーキット権というものがあり、その権利を有していない人が商業利用することは違法なわけです。ですから一時期、スポーツバーなどでは放映を見合わせていた時期もありました。しかし現在では、もう堂々とやってしまっています。テレビをつけたらたまたま放送している、という体裁を取っているわけです。

また、地元の選手がオリンピックに出場している場合に、市役所や公民館などでパブリックビューイングという形式で応援している風景がありますよね。選手の出身校の体育館で、壮行会という名のもとに応援するなんてことも、よくある光景です。

あれも、厳密に言えば放映権を買わなければいけません。でも、営利目的ではないということで、大目に見られているわけです。そもそも、日本全国の市役所や体育館を見て回って、チェックすることもできないわけですが……。

ただし入場料を取って放送していれば、完全な商業目的ですからアウトです。

放映権を有する主催者側に訴えられて損害賠償請求をされれば、勝ち目はありません。先述したスポーツバーなどの飲食店にしても、入場料こそ取っていないですが、放送を〝エサ〟に集客しているわけですから、万が一訴えられたら勝ち目はないでしょう。

放送だけではなく、大会名称なども一筋縄ではいきません。特にオリンピックやワールドカップは動く額があまりにも大きいため、無断で商業利用されることにとても敏感です。

例えば、メダルを獲得した選手が母校に凱旋するとします。その模様をテレビカメラが収めるとしましょう。その際に『○○選手　オリンピック祝賀会』と銘打つのはアウトです。『おかえりなさい！　○○選手祝賀会』は「オリンピック」という文言が入っていないのでセーフです。

選手の所属する企業が、壮行会を開催する場合も同じです。もちろんクローズドでやる場合は、何のお咎めもありません。しかし、ひとたびカメラが入るとなると、オリンピックの壮行会という形式でやることは難しいのが現実です。〇〇選手の壮行会、という形でやるしかありません。

がんじがらめでずいぶん窮屈な話なんですが、なんでもOKにしてしまうと悪用する人間が必ず出てくるため、IOC（国際オリンピック委員会）としてもルールを細かく設定し、権利を守らなくてはならないわけです。

選手の強化費も組織から出ているわけですから、選手たちも内心面倒だなぁ……と思いながらも、自分たちを保護、保障してもらっているため、方針に従っているのです。

ロゴをめぐる企業と主催者との凄まじい攻防

選手といえば、ウェアにまつわる話があります。競技中に着るユニフォーム、メダル授与式に着るジャージ、記者会見の際に身に着けるもの、すべてのシーンで細かい取り決めがあります。例えばメダル授与式で着ていた服装で、凱旋パレードに出てはいけないわけです。

わかりやすいのは、サッカーの中田英寿選手の例です。試合中はアディダスを着ていたのですが、試合終了後すぐにユニフォームを脱ぎます。そしてナイキのアンダーシャツの姿になったのです。あれは、中田選手個人がナイキと契約していたからです。

サッカーでは、ネイマール選手の話もあります。彼は当時流行っていた腰パンスタイルだったのですが、パンツの上のゴムの部分にあるメーカーロゴを見せようとした、と問題になった時期もありました。メーカーはあの手この手でPRしようとするのです。

マニファクチャーロゴ（刺繡される製造メーカーのロゴ）のエピソードは、壮絶なものがあります。厳密なルールによってサイズが決まっているわけですが、数センチを巡るメーカーと主催者の攻防は凄まじいものです。

1994年（平成6年）、アメリカで行われたサッカーワールドカップ。アディダスは、ユニフォームの正面ではなく側面に3本ラインを入れました。「ロゴマークではないか！」という主催者側の指摘に対して「デザインだ！」という言い訳を用意していたわけです。この年は、リーボックやミズノもロゴマークに工夫を凝らしていました。

1998年（平成10年）のフランス大会では、ナイキのユニフォームの番号は、○で囲われていました。ナイキといえば、スウッシュ（swoosh）と呼ばれるロゴマークですよね。しかし、番号を○で囲うというアクションを起こすことで「○で囲っているのはナイキですよ」という認知度を、その後に高めていこうという狙いがあったわけです。もちろん「ロゴマークではないのか！」という指摘に対しては、アディダスと同じように「ただの○だぞ！　デザインだ！」と言い張る用意はあったでしょう。

世界陸上でもこんなエピソードがあります。国際陸連のルールは、ハードルや走り高跳びのマットに製造メーカーや競技場の名称を入れることを、公式ルールとして許可しています。

1993年（平成5年）のドイツ・シュトゥットガルト大会。ハードルの細い側面、棒高跳びのバーの側面にメルセデスベンツのマークが入っていました。

言わずもがな、メルセデスは世界に冠たる自動車メーカーです。競技用具の製造メーカーではありません。ですから、普通であれば完全なルール違反になるわけです。ところがお咎めなし。いや、そもそもルール違反ではなかったのです。なぜなら、メルセデスは運動器具の会社を買収して、新たに会社を作っていたのです。つまり、ハードルにしても棒高跳びのバーにしてもメルセデス製なわけですから、製造メーカー名を表記しても何の問題もない、というわけです。「え？　競技用具メーカーですけど何か問題でも？」というウルトラCの抜け道ですね。

まさに規制とアピールのせめぎ合いです。こういった一定のルール下における企業の工夫は、新たなビジネス展開や新商品、デザイン等のアイデアの源泉になるともいえます。

さて、今度の東京五輪では、どこまでＩＯＣの目が光るのか？　どこまで厳しく規制されるのか？　そのあたりに注目して見てみても、面白いかもしれませんね。

ネーミングすることのメリット

さて、話をＳＡＭＵＲＡＩ ＪＡＰＡＮに戻します。「どうしてわざわざサムライなんて付けるんだ？ ＷＢＣ日本代表でいいじゃないか」と思われる方もいらっしゃるでしょう。なぜ、私が呼称を付けようと思ったのか。それには、いくつかの理由があります。

まずは愛称を持つことによって、日本代表チームに親しみを持っていただきたかったということです。ひとりでも多くの人に観戦、応援、注目していただきたかったわけですから、愛称を付けるのは必須作業でした。

もうひとつの理由は、ビジネス上の都合です。ＷＢＣという表記を使うためには、その都度本部であるアメリカのＷＢＣにアプルーバル（承認、許可）を取らなくてはいけません。ビジネスで動く際、使用するたびにアプルーバルを取るなんて、そんな時間の余裕はありません。時は金なり。スポンサーとビジネスを展開するうえでは一刻一秒がお金です。一秒の広告活動で巨額が動くわけですからね。

独自の呼称を作ってしまえば、いちいち本部にアプルーバルを取らなくて済みます。手間と時間を大幅にカットできるのです。だからこそ、一言で〝ＷＢＣ日本代表〟とわかる名称を作る必要もあったのです。

また、それだけではありません。たとえアプルーバルを取っても、広告の表現範囲が定められてしまうのです。ＷＢＣ側が「その言い方はダメ。変えて」と言ってきたら、変えなければならない。でも、独自の呼称で広告展開している場合は、何も言われません。制限を受けずに、自由に表現することが可能となるのです。

時間と手間をかけなくて済むし、自由も制限されない。日本ですべて完結できる。つまり、煩わしさをなくして作業効率を上げる。これもネーミングの大きな意義なのです。

また、ネーミングはビジネスチャンスを広げます。愛称が定着し、人気が高まればさまざまなマーチャンダイジング（商品政策、商品化計画）につながります。

原辰徳監督と原田泳幸社長の後押し

WBCの開幕を4か月後に控えた2008年（平成20年）11月。私はSAMURAI JAPANという呼称について、原辰徳代表監督のもとへ説明に伺いました。

「監督名を冠した『原JAPAN』が悪いわけではないのです。ただ、もっと選手がフューチャーされるべきだと考えます。そこで、第二回WBCの日本代表を『SAMURI JAPAN』と呼ぼうと思うのですが、監督はどう思われますか?」

と提案させていただいたところ、原監督は目を見開いて、こうおっしゃいました。

「いいんじゃない！　だって選手が主役なんだしね！」

その言葉を聞いて、本当に嬉しかったです。今でも鮮明に脳裏に焼き付いています。

翌12月には、2009年（平成21年）元旦掲載予定の読売新聞の特集記事のため、原代表監督と日本マクドナルドホールディングスの原田泳幸社長（当時）の新春対談が行われました。私も現場に立ち会いました。

対談の最後に、原代表監督が原田社長にサインを書きました。覗き込んでみると〝SAMURAI JAPAN 原辰徳〟と書かれてあったのです。私が事前にお願いしていたわけではありません。ごく自然にさらさらっと書いてくださった。これはイケるかもしれない！ と手応えを感じた瞬間でした。

そして、原代表監督が気に入ってくれたSAMURAI JAPANの呼称は、原田社長の英断で一気に世の中に浸透しました。マクドナルドがスポンサードし、キャンペーンを開催してくれたのです。

マクドナルドは、お店で商品を買うともらえるクリアファイルを7種類製作。全種類揃えたい人が、何度も足を運ぶなど話題を呼び、一時期はヤフーオークションで、ひとつのクリアファイルに1万5千円の値が付いたこともありました。ハンバーガーショップと野球日本代表のコラボレーション。WBCが開幕してからは、観客席でみんながクリアファイルを振りかざして応援してくれました。

そして、日本全土が優勝に歓喜した2009年（平成21年）3月の最終土曜、日曜。マクドナルドは「優勝おめでとうキャンペーン」を実施して、一日の売り上げで当時の新記録を更新。こうして、WBCはみんながwin-win（ウインウイン）で有終の美を飾ることができたのです。

実は、「街全体が広告媒体になる」というのは、当初私が掲げていた目標のひとつでした。ワールドカップの開催前および開催期間中は、ファミリーマートや街のいたるところでサッカー日本代表のポスターやプロモーションが展開され、人々の目に触れて自然と気運を高めてくれます。これがWBCでもできないかと考えていたからです。

ナショナリズムとスーパースターという二大要素

2009年(平成21年)のWBCの大成功は、SAMURAI JAPANの優勝はもちろん、マクドナルドとの相乗効果もかなり大きいものでしたが、さらにアサヒビールも応援してくれました。「サッカー日本代表はKIRIN、野球日本代表はアサヒビール」という考えでタイアップCMもどんどん放送していただき、WBCの機運を高める一役を買ってくださいました。まさに1を100にする仕事の典型的な事例だと思います。

もちろん一番の功労者は、優勝を勝ち取った選手・スタッフであることは言うまでもないことですが、この大成功によってSAMURAI JAPANというネーミングは、不動の地位を築くことができたのです。

逆に言えば、SAMURAI JAPANというネーミングの強さが、いろんな人、組織、モノを引き寄せるパワーがあったといえるかもしれません。

「ナショナリズム」と「スーパースター」という二大要素が合体した時、国単位のムーブメントが起きる。まさにSAMURAI JAPANは、この二大要素を集約した、これ以外にはないというネーミングだったといっても過言ではないのです。


また、2019年（令和元年）のラグビーワールドカップでも、同じような流れがありました。

強豪10か国のtier（ティア）1以外の国で開催されるのは初。日本戦以外は観客がいっぱいにならない……などなど、当初はマイナス要素が取り沙汰され、悲観的な予想が多かったように思います。

一方で海外からのインバウンド（外国人が訪れてくる旅行）が期待できる、日本も決勝リーグ進出が狙えるといった意見もあり、機運は徐々に高まっていきました。そして実際、日本チームの快進撃はご存じの通りで、試合ごとに何人ものヒーローが登場し、まさに国中が注目する一大イベントへと変貌を遂げていきました。また、インバウンド効果で人気が出た海外のラグビー選手がCMに出演するなど、当初とはまったく環境が変わりました。これらは、「ナショナリズム」と「スーパースター」の2大要素のマッチそのものでした。

事実、初戦のロシア戦の視聴率は18％。それが日本の快進撃で決勝トーナメントの南アフリカ戦は40％超、日本戦以外も20％超という数字からも、成功事例の模範的なイベントだったといえるのではないでしょうか。

SAMURAI MUSIC

SAMURAI JAPANに関しては、ネーミングの他に実は〝スポンサー同士のコラボレーション〟というものを目論んでいました。

イメージ的には、アサヒビールとAEON（イオン）がコラボして〝期間中にイオン系のお店でアサヒビール商品を買うと○○が付いてくる！〟といった感じのキャンペーンを考えていたのですが、準備期間や企業間合意などのハードルが高く、残念ながら実現することができませんでした。

もうひとつ、私がやりたかったのが『FIFAアンセム』のようなテーマミュージックを作ることでした。

ナショナルチーム同士の試合で、選手入場の際に流れる『ＦＩＦＡアンセム』。実は歴史的にはさほど古くなく、１９９８年（平成10年）のフランス大会から採用されたようです。しかし、あの音楽は聴いただけで気分を高揚させてくれます。あの感覚をＷＢＣでも演出できないものかと考えたのです。

私は学生時代は陸上に打ち込んできたのですが、一方で音楽も大好きでした。中学生の頃には、学校初となる学園祭でのバンド演奏をして大きな反響を呼んだこともあります。当時はまだ「中学生がバンドなんて……」という雰囲気の中でしたから、瞬く間にあちこちに知れ渡ることになったのでしょう。

今思い起こしてみると、あの時代の田舎町ではセンセーショナルなエポックだったので、話題が口コミで拡散したんだと思います。つまり「ご当地初の」とか「今話題の」といったフレーズは、人の目を引いたり興味をそそったりするものですから、あるイベントやネーミングを行うにあたり、効果的なキャッチコピーは必要不可欠だといえるでしょう。

それだけに、ＷＢＣ版のアンセムを作りたいという思い入れは、私の中で相当に強いものがあったのです。

ネーミング作業は楽曲作業

私は親交の深い音楽系のプロダクション、株式会社トライビートの冨田一夫社長に相談してみました。言うまでもなく、私には作曲できるような才能はありません。そして、冨田社長から中川英治さんという作曲家の方をご紹介していただいたのです。

実は、私は中川さんとは以前、仕事をご一緒したことがありました。２００

0年代初頭に、プロ野球各12球団がファンサービスや応援歌などに力を入れはじめた頃のことです。私は、読売新聞から巨人軍の応援歌の件で相談をいただきました。たしかに、新しいものを作るという考え方はありますが、私は今ある財産を有効利用したほうが効率的かつ浸透度も高いと思いました。

そこで、「新しく作るよりも、今ある『闘魂こめて』をよりブラッシュアップさせましょう!」と提案して、『闘魂こめて』の①ポップスバージョン ②ロックバージョン ③クラシックバージョンのみっつを作ることにしました。試合前や試合中その他さまざまなシーンで、場面場面に合うバージョンを使用するのがいいのではないかと考えたのです。その時に、私のイメージを本当に具体化していただいた頼もしい協力者が、中川さんだったのです。

ですから、WBCでも中川さんにどのようなシチュエーションで使いたいか、どういうメロディラインがウケるか、私の感覚的なイメージを全面的に中川さんにぶつけてみました。長年イベントを手掛けきて、私には感覚的にどのようなものがウケるか、使いやすいかといった経験と知識はありました。

中川さんにお願いしたのは、次のようなことです。

- 同じメロディラインをとにかく繰り返す
- 32小節では少ないので、64小節以上で
- 開始は静かな立ち上がりで徐々に盛り上がっていき、ジャスト30秒でそのメロディラインが始まる
- オーケストラバージョン、ロックバージョンなどにもアレンジ可能で、ゆくゆくは甲子園でも各校が演奏してもらえる楽曲を目指す

その意味は、

・同じフレーズを何度も繰り返すことで、より短期間で脳裏に残る
・イベント開始の際の場内アナウンスはほぼ30秒以内

といったところです。

ずいぶん無理難題を押し付けてしまいましたが、さすがはプロ。本当に完璧に私のイメージ通りの楽曲を作ってくださいました。

大成功を収めたベースボールアンセム

この楽曲作業は自主提案だったので、もし失敗したらかかった経費が払えなくなる問題を抱えていましたが、冨田社長も中川さんも快く引き受けてくだっ

て本当にありがたかったです。

ところが、楽曲が完成してアメリカのWBC本部に提案したところ「NO!」が出てしまい、採用できないということになったのです。事前に共同主催社である読売新聞社にも話は入れてあったので、読売新聞も非常に残念がっていました。万事休すという事態でしたが、読売新聞の式典担当者が熱意と信念を持って作業を進め、「だったら日本ラウンドのテーマ曲にしよう!」と選手の入場・紹介の時に楽曲を採用してくれたのです。アメリカの本部にはガッカリしましたが、読売新聞の懐の大きさには感動しました。


実際に本番で音楽を流したところ、原監督やスタッフ、選手、来場者の反響は上々でした。特に篠塚和典コーチからは「着メロにしたいけどできないの?」なんてリクエストもあったほど高評価だったのです。

そこで急きょ着メロ化することになり、2009年(平成21年)3月から

『MUSIC.JP』でダウンロードが可能となりました。そして、この第二回大会で優勝したこともあり、なんとその月のダウンロード数はＥＸＩＬＥの楽曲を超えて1位を獲得したのです。嬉しかったですね。

今もなお、優勝した瞬間の映像が放送されることがありますが、読者のみなさまも目にする機会があったら、ぜひ注意して見ていただきたい場面がありますす。ダルビッシュ有投手（日本ハム、カブス他）が韓国選手を三振に斬った瞬間のバックネット広告です。実は『ベースボールアンセム配信中』という広告が出ているんですよ。

だいぶ話が逸れてしまいましたが、商品（企画）を0から1、あるいは1から100に持っていくためには、

- 目標を掲げる
- こだわりを持つ、信念を持つ

・良き理解者を得る
・損得勘定はダメ
・専門家に任せることも選択肢のひとつ

といったことが大切なんだとわかってもらえたら嬉しいです。

開き直りも有効な手段のひとつ

小さい頃から音楽が好きだった私は、昔はレコード盤を1000枚以上持っていて、さまざまなジャンルの音楽を聴いていました。ロックバンドを組んでいたこともあって特にハードロックが大好きで、その他にもソウルミュージックやジャズ、日本の歌謡曲やポップス……とジャンルを問わず、いろんな音楽を聴いていました。

今はもう歳をとって、なかなか新しい曲をチェックしないようになり、正直音楽に疎くなってしまいましたが、若い頃は聴くだけではなく音楽の情報番組なども精力的にチェックしていたものです。

もう40年近く前のことですが、今でも鮮明に覚えていることがあります。それは世界的なギタリスト、ジョージ・ベンソンのエピソードです。インストルメンタルの名曲を数多く生み出したベンソンですが、『IN YOUR EYES』というアルバムでは、彼が自ら歌っていました。それだけでもベンソンのファンには衝撃的なことだったのですが、さらに驚かされたのは、彼がテレビでインタビューを受けた際の発言です。司会者が、

「今回のこのアルバム、ジョージ・ベンソン自らが歌っていますが、なぜです

か?」

と聞いたところ、ベンソンは平然とこう言ってのけたのです。

「ああ。簡単だよ。いいメロディラインが浮かんでこないから、歌で誤魔化しているんだ」

この言葉は衝撃的すぎて、今でも私の脳裏から離れません。B'zのギタリスト松本孝弘さんが「ギターの速弾きが疲れたから、のんびりとウクレレでハワイアンしてる」という行為よりもすごいのではないかと思ってしまいます。世界に冠たるギタリストが、開き直りみたいな考えを平気でさらっと公共の電波に乗せて言ったこともすごいし、またその発言を理解してオンエアを許可したスタッフ、マネージメント会社、レコード会社も英断だなと感服します。

かくして『IN YOUR EYES』は世界的な大ヒットとなり、ジョージ・ベンソンが新たな一歩を刻んだと称賛される一曲になったのです。

ネーミングを最終的に決定する段階で「果たしてこれでいいのか？」「もっといいネーミング案があるのではないか？」と迷走状態に陥ってしまうと、なかなかそこから抜け出せません。

私も電通時代に、競合プレゼンテーションでキャンペーンのキャッチコピーを考える際、迷走状態に突入してしまったことがありました。その時、急にジョージ・ベンソンの開き直りの言葉を思い出したのです。「もうなるようになれ、エイヤー！」でいったところ、競合に勝つことができました。以来、迷走しそうな時はいつでもジョージ・ベンソン流で物事を進めています。

ただよくあるケースとしては、迷走した時ほど一番最初か二番目に考えた案に落ち着くものです。そういった経験をされた方も多いのではないでしょうか。迷走した際は、ジョージ・ベンソン流で開き直って、最初のアイデアやファーストインプレッションに戻るというのは有効かもしれません。

○○JAPANという呼称の統一

さて、また話をネーミングに戻します。サッカーと野球ですっかり認知された○○JAPANという呼称ですが、その後はさまざまなスポーツに波及しました。

- とびうおジャパン（水泳男女）
- フェアリージャパン（新体操女子）
- クリスタルジャパン（カーリング女子）
- Crew JAPAN（ボート）

・翼ＪＡＰＡＮ（飛び込み）
・スマイルジャパン（アイスホッケー女子）
・ＤＡＮＧＡＮジャパン（ボブスレー）
・ハヤテジャパン（車椅子バスケットボール男子）
・彗星ＪＡＰＡＮ（ハンドボール男子）
・おりひめＪＡＰＡＮ（ハンドボール女子）
・マーメイドジャパン（アーティスティックスイミング）
・ポセイドンジャパン（水球男子）……ｅｔｃ

またＪＡＰＡＮ（ジャパン）ではなく、ＮＩＰＰＯＮ（ニッポン）を用いた呼称もあります。

・龍神ＮＩＰＰＯＮ（バレーボール全日本男子）

・火の鳥NIPPON（バレーボール全日本女子）

それぞれ競技の特性を表したネーミングだと思いますが、私は正直「全部SAMURAI JAPANとなでしこジャパンでいいじゃないか」と思っていました。

男子はすべて、SAMURAI JAPANで統一です。例えば、

・SAMURAI JAPAN　野球
・SAMURAI JAPAN　バスケットボール
・SAMURAI JAPAN　ハンドボール

女子のほうは、なでしこジャパンです。

・なでしこジャパン　サッカー
・なでしこジャパン　バレーボール
・なでしこジャパン　ホッケー

といった具合です。呼称を統一することのメリットは、わかりやすさです。「○○ジャパンって何の競技だっけ?」もしくは「○○（競技名）って、何ジャパンって呼ぶんだっけ?」ということが起きません。

そして日本代表感があります。一致団結感がより強調されると思うのですが、いかがでしょうか。

流行り言葉はアリかナシか

持続性に比例して、ネーミングの重要度は増していきます。ＷＢＣが根付いたからこそＳＡＭＵＲＡＩ ＪＡＰＡＮという名前は完全に浸透しましたし、逆にＳＡＭＵＲＡＩ ＪＡＰＡＮが根付いたために、ＷＢＣという興行の持続に一役買っているという相互作用もあると思います。

一方で持続性のない、一過性のものや事柄もあります。例えば、その時代の流行りに乗って、あるスイーツのお店を出したとします。いずれブームが終わることを見越して、短期間で売って売って売りまくり、ブームが去ったと見るや、すぐに店をたたむ場合です。近年でいえば、タピオカブームがこれに当たるでしょう。

こういうケースでは、店名も商品名も流行りの言葉を取り入れていいですし、むしろ取り入れたほうがいい。瞬間的な爆発力があるからです。

逆に、なるべく長続きさせたいものや永続性があるものに関しては、一時的な流行り言葉をネーミングに盛り込むことには、慎重になったほうがいいでしょう。


松任谷由実、中島みゆきといった超ビッグネームのシンガーソングライターは、歌詞に流行り言葉や一過性の言葉をなるべく使わないそうです。ひとつの作品が歌い継がれていくことを願い、あるいは想定して作詞をするためです。流行り言葉や一過性の言葉が入っていると、数年後にはダサくなってしまう恐れがあります。彼女たちの歌が何十年も色褪せないのは、歌詞が普遍的な言葉で綴られているからなのです。

一方で『ポケベルが鳴らなくて』という歌があります。1993年（平成5年）のリリース当時、大ヒットした曲です。しかし、今やポケベルは存在しません。よって現在では、この歌はポケベルを使っていた世代にとっては懐かしく、当時の記憶を思い起こさせる歌となりました。もっともポケベルを知らない世代にとっては、何のことやらわからないでしょうが……。

正直、今現在改めて聞いてみると気恥ずかしいものがあります。とはいえ、この歌は1993年当時に、瞬間的かつ爆発的に売れたわけですから大成功なのです。のちに歌い継がれなくても十分に稼いだわけですから、ビジネスとしてはうまくいったのです。

このように、ネーミングに流行り言葉を盛り込むことは、ケースバイケースだといえます。

ちなみにこの曲を作詞したのは、あの秋元康氏です。「ポケベル」という時代を象徴するキーワードで瞬間的にビジネスを成功させ、一方で「AKB」とネーミングしたアイドル集団を息長くプロデュースしている。実に多才な方ですが、秋元氏はネーミングの天才でもあるわけです。

終 章

ドキュメント・プロのネーミング作業

日本女子プロゴルフ協会（JLPGA）からの依頼

1980年代後半から1990年代初頭にかけて、世の中はバブル景気に沸いていて、プロゴルフ界も大いに盛り上がっていました。毎年3月から12月頭までほぼ毎週ゴルフトーナメントが行われ、男子、女子そしてシニアのみっつのツアーがテレビ放送されていました。

特に男子ツアーは超人気で、ウェイティング企業も複数社控えており、しかも日程に入りきらないような状態でした。そのためレギュラーツアーとは別に、2月に後援競技としてサイパンで日本ツアーを開催したり、協力競技・グローイングツアーを行ったりとカテゴリーも4つに分かれて開催されていたほどでした。

当時、ゴルフトーナメントを担当していた私と、スポンサー担当の営業局の人間とでこんな会話をしていたものです。

「4億あるから、ゴルフトーナメントの冠スポンサーをしたいって話があるんだけど」

「え？　男子ツアーをしたいなら最低5億はないとねぇ。4億なら女子？　シニアにする？　いっそオーストラリアでやっちゃうか！」

今では考えられないバブリーな会話ですよね。事実、日程的に日本国内開催が難しかったトーナメントを、オーストラリアで開催した企業もありました。

現在、女子プロゴルフ界は人気選手も大勢いて非常に頑張っていますが、実はこの当時、女子ツアーはあまり人気がありませんでした。もう時効ですし覚えている方も少ないと思うので、あ・え・て書いてしまいますが、男子ツアーのスポンサーは一流企業、女子ツアーは新興企業やバブル企業という暗黙の了解が業界内にはあったのです。

視聴率的にも、男子ツアーは土曜4〜6％、日曜6〜8％、人気トーナメントとなれば10％を超えていました。これに対して、女子ツアーは土曜2〜4％、日曜3〜5％。人気トーナメントでも10％はいかない……というのが現状だったのです。

小川美智恵会長（当時）、樋口久子副会長（のち会長）、小林法子理事（当時）といった錚々たる顔ぶれがトップを務める日本女子プロゴルフ協会（JLPGA）は、女子トーナメントの地位と人気向上のため、私に相談を持ち掛けてきました。男子が開催しているグローイングツアーのJLPGA版を作るにはどうしたらいいのか？　という相談内容でした。

プロにはなったもののなかなか試合の機会に恵まれない、という女子選手にチャンスを与えられるような、成功の足掛かりになるような大会を作りたい。いわばシンデレラストーリーの舞台を協会は作ろうとしていたのです。

私は、新しいツアーの基本構想を話し合う前に、次の3点を抑えておく必要があると考えました。

・JLPGAの状況把握
・男子ツアー、海外ツアーとの比較検討
・JLPGAの目標設定と確認

協会側と膝を突き合わせて、忌憚なく話し合いを重ねました。現状を把握するため、時には言いづらいことや負の部分も臆することなく私は口にしました。協会側はそれを真摯に受け止めてくれました。現状を打破し、本気で良くしたいと考えている場合、そこに社交辞令や営業トークは必要ありませんし、言われた側も素直に耳を傾けるものだと思います。本音で語り合うことが何より大切なのです。

ステップアップツアーというネーミングに至るまで

前述の内容をしっかり詰めたうえで、いよいよトーナメントの名称をネーミングする作業に移ることになったのです。

まず私が最初に考えたのは、ゴルフというスポーツの魅力、力強さが伝わりやすい名称です。そのうえで女性ならではの華やかさや柔らかさがあり、なんといってもわかりやすいネーミングでした。

そこで、まず女子ゴルフのイメージを整理しました。

・女性らしさ
・美しさ、華やかさ、柔らかさ、しなやかさ
・若者らしさ……etc

次に〝大会の意義〟というコンセプトから、連想されるキーワードを抽出していきます。

・チャレンジ
・トライ
・ジャンプ……etc

といったあたりです。

私は最終的には、「女性らしさ」と「チャレンジ」というふたつのコンセプトに絞り込み、そのふたつにまつわるキーワードを数多く出しました。その結果、わかりやすい、女性らしい柔らかさがある、チャレンジスピリットを駆り立てるなどの理由から『ステップアップツアー』というネーミングに最終決定したのです。

ネーミングが決まったら、次は商標登録と規定作りに取り掛かります。

それまで、通常のゴルフトーナメントの主催者は大会によってそれぞれで、協会はそれを公認しているというスタイルでした。よってスポンサーをやる、辞めるはすべてスポンサーの意向で決定されますから、ややもするとＪＬＰＧＡに相談もなく、いきなり「辞めます！」と決定事項として通達してくるスポンサーもあったようです。

ですから、『ステップアップツアー』では全試合に共催者として名前を連ねることをルールとして義務づけました。そうすることによって、スポンサーを辞める時には事前に相談が来るので、次年度に向けてより早い対策が可能になる……などのメリットも生まれます。

繰り返しにはなりますが、ネーミング作業が大切なのはもちろん、それに伴って自分がやりたい方向に向けたルール作りや危機管理、権利関係の整理も大切なのは言わずもがなといえるでしょう。

実は推していた幻のネーミング案

2020年（令和2年）現在も使用され続けている『ステップアップツアー』というネーミングですが、私が個人的に気に入っていたネーミングが実は他にありました。

「女性らしさ」というコンセプトから導き出したキーワードで、いくつか花の名称を挙げていたのですが、中でも「フリージア」と「ツアー」を組み合わせた『フリージアツアー』というネーミングに私は手応えを感じていたのです。

私がなぜ、このネーミングにこだわっていたかというと、マーチャンダイジング（商品政策、商品化計画）がしやすいからです。フリージアの花をモチーフにシンボルマークを制作すれば、そのマークを使った商品展開が可能になるわけです。

・ツアー自体のシンボルなので、
試合数が増えればシンボルマークを目にする機会が増える
⬅
・名称を目で追わなくても、

シンボルマークが視界に入った瞬間にツアー内容がわかる

⬅

・ツアーマークが市民権を得る

⬅

・ツアーマークの入った商品が欲しくなる

⬅

・ツアーマークの入った商品が販売できる

このような良いスパイラルが期待できますし、最終的には権利を売ることも可能となります。

『ステップアップツアー』が30年も続いていることは本当に嬉しい限りですが、もしも『フリージアツアー』になっていたら、今頃どうなっているんだろうかと想像することがあります。

名付けて終わりではなく、その後の好展開が見込めるかどうか。そういった可能性まで考慮してネーミングするのが、プロの広告屋の仕事なのです。

おわりに

今回、書籍のお話をいただき、電通時代のいろいろなエピソードを中心にお話しさせていただきました。出版社の方や編集コーディネーター、事務所のスタッフなどと会議をした際、「自分でも街とかを歩いていて、これは！　と思ったネーミングなんかもぜひ紹介、分析してください」と言われ、自分でも「そーだなぁ……」なんていろいろと改めて勉強させていただきました。

何気なく視界には入るけれども、ほとんどが流してしまい記憶には入ってこないことが大半であると気づかされ、本当に新鮮でした。同じ道、同じ看板であっても、意識せずに見るのと注意深く見るのとでは雲泥の差がありました。そのことに気づかせてもらえたのは大変有意義で大いに刺激になりましたし、いつもとは違う感覚が芽生えたのも楽しかったです。

みなさんもぜひ、世の中のネーミングを注視してみてください。「おーっ、このネーミングすげー刺さる！」「えっ、これって何？」なんて、いろいろな想像や空想が生まれて、今までとは違った感覚を体験できると思います。


今回、どうしても訴えたかったことがあります。ネーミングの本だからこそ、絶対に言いたかったことです。

それは、このあとがきの最初のほうでさらっと触れましたが〝編集コーディネーター〟という肩書きについてです。通常、出版や作詞・作曲なんかで、いわゆる〝ゴーストライター〟と呼ばれている人たちのことです。私は以前から、この〝ゴーストライター〟というネーミングが好きではありません。〝編集コーディネーター〟というネーミングに変えたいと思っていたのです。

私は今回で2冊目の出版となりましたが、これを全部自分ひとりで書いていたら何年かかるかわかりません。そこで、今回はライターの中大輔さんにいろいろな出来事、私が関わってきた仕事の歴史、自分の考えなどを話し、それを言い回しや構成などを考慮して実際に文章に落とし込んでもらいました。

そうして、いただいた原稿をじっくり読み込んで内容を精査し、校正し、自分が本当に伝えたい文章を付け足すといった作業をするわけです。こうすることで時間的な短縮になりますし、自分が知らなかった言葉だけれど、自分の使った言葉より表現的にはまさにビンゴの言葉をプラスしてもらうこともできます。つまり出版というのは、プロによる言葉のコーディネートの力を借りた共同作業だと私は考えています。

実際、巻末の「奥付」と呼ばれるスタッフクレジットには〝編集コーディネーター〟として中さんの名前が記載されていますし、この業務は出版業界では当然のこととして認められていて、きちんとギャラのパーセンテージまで決まっている、ちゃんとした仕事なのです。

何から何まですべて〝ゴーストライター〟にお任せ……では根底が崩れてしまいますが、本書は〝編集コーディネーター〟との共同作業によって成り立っているということがどうしても伝えたかったので、こうしてあとがきに書かせていただきました。

ぜひとも、この用語が浸透することを私は願っています。

今、巷では新型コロナウイルスが猛威を振るい、芸能人やスポーツ選手、文化人なども感染して命を落とすなど、いつ終息するのかまったく検討もつかない状況です。この本が出版される頃には、方向だけでも多少見えてきてほしいと願っています。

しかしながら、私はこの手の問題が起こるといつもムカッときてしまいます。政治家にしても、街角インタビューを受ける人にしても、それを伝えるマスコミにしても……どれも本当に頭にくるのは私だけでしょうか？

今の世の中、〝評論家〟が多すぎます。具体的な施策もアイデアもないのに、それを疑問視することすらなく、平気で世論として放送するマスコミは、本当にレベルが低いと感じざるを得ません。

もちろん世の中のみなさんが「早くコロナを終わらせたい！」というのは共通認識だろうと思います。しかし、緊急事態宣言を出したら出したで「遅い」と言う。「支援金も少ない」とかなんとか言っている。

別に西村康稔経済再生担当大臣の肩を持つわけではありませんが、専門家会議やいろいろなケーススタディーなどで、本当に西村大臣は日本で一番議論している人ではないかと思います。本書の第一章の冒頭で書いているような、四六時中考えに考え尽くしたうえでの発表であり、チームで考え抜いた末に決定した最大公約数的な言葉を使って、説明するに至った記者会見だったと思うのです。しかし、その言葉尻を取ってさも自分が正しいとばかりに、ニワカ評論家のように語る輩や、具体的なアイデアが皆無という人間が大勢登場してくるという構造には、本当に嫌気がさしています。

そんな状況下、賛否両論の〝アベノマスク〟に関して『めざましテレビ』（フジテレビ系）での佐野瑞樹アナウンサーの言葉は素晴らしいものでした。

「マスクは、小さいだとか無駄づかいだとかいろいろな批判があります。でもマスクを作った人は、早くコロナを終わらせたいという思いでマスクを作っていることを忘れないでください」

という伝え方をしたのです。私はそれを聞いて感動しました。そうなんです。伝える方法はたくさんあるのです。物事を一方向からしか見ず、違った側面からの見方や考え方をしないで伝える言葉と、一番考えている人に寄り添って、その人の気持ちになって伝える言葉は、どちらに説得力があるでしょうか？

良いネーミングの一番根底にある基本は、そういう寄り添った気持ちなのではないでしょうか？

あとがきであるにも関わらず、思い付くままに言いたいことを書いてしまいましたが、この本が納得のいくネーミング作りのバイブルになったとしたなら嬉しいです。感無量です。

2020年5月

平方　彰

■女子プロゴルフ『ステップアップツアー』の命名者であり、現在公益財団法人 日本ゴルフ協会の事業委員でもある。

■2008年より、ドラコン日本一決定戦『L-1グランプリ』の総合プロデュース。第一回大会は札幌ドームでの開催を成功させ、当時大きな話題を呼んだ。またその後、石川遼プロを招聘したり、地上波TVでの放映を実現させたりするなどして全国区のイベントに育て上げた。現在も沖縄の「美らオーチャードゴルフ倶楽部」で開催中である。

eスポーツ

■2007年、アジア室内競技会で『eスポーツ』が正式種目になったことを受け、国内での『eスポーツ』の普及・発展を目指し、新たに協会を結成することとなり、その設立を実現させた。現在は一般社団法人『日本eスポーツ連合(JeSU)』の理事を務めている。

その他

■アスリートの選手肖像権ビジネスに着手。石川遼デビュー時のパナソニック所属契約をはじめ、ボクシングの村田諒太を電通のグループ会社である(株)ジエブに入社させる。また松井秀喜、イチロー、松坂大輔、宮里藍、瀬戸大也、池江璃花子など数々のスター選手のCM契約も実現させている。

■東京オリンピック招致のフレームワーク。

■2012年総合格闘技『UFC』の日本開催に尽力。

■国際水泳連盟のマーケティング作業と運営総指揮。

■2006年『FIFAワールドカップ』のプレステージチケットの権利獲得、販売業務。

■2016年ヨットの国際レース『アメリカズカップ福岡大会』の運営総指揮。

■各球団のマーケティング作業。(巨人、ヤクルト、西武 他)

■競技団体マーケティング。(JOC、陸上、水泳、トライアスロン 他)

平方 彰の仕事

野球

■1996年以降、MLB主催の日本国内で行われたイベントすべてに、日本人として唯一、中枢で携わり続けた。

■真の野球世界一決定戦World Baseball Classic開催に向けて精力的に動き、その作業の中で『SAMURAI JAPAN』という野球日本代表のネーミングを考案し、世に広く定着させた。

■WBC国内テーマ音楽『ベースボールアンセム』のプロデュース。

■野球選手のユニフォーム広告、ヘルメット広告の開発。

■2006年日本シリーズ始球式にトム・クルーズをブッキング。

陸上競技

■1991年、ワールドクラスのスポーツイベント『国際室内陸上』の日本初開催に漕ぎつけた。スポンサー獲得から、企画立案、実施、運営までをすべてひとりでプロデュースした。

■1999年には『世界室内陸上』を日本に初めて招致。

■2007年『大阪世界陸上』の誘致プレゼンテーションに尽力し、勝利に導いた。

■石原都知事時代、東京都から「世界を代表する都市はみな市民マラソンを開催しているので、我々も開催したい」という相談を持ち掛けられる。これを受け、東京マラソンの基本計画案の作成から関係各所の調整、組織委員会の立ち上げ作業等に携わり、国内最大級となったイベントの礎を築いた。

■女子駅伝チームの設立作業に従事。

ゴルフ

■ゴルフトーナメントのプロデュース業務にも従事。日本オープン、日本女子プロゴルフ選手権をはじめ、スポンサートーナメントなど大会の基本構想作成から運営までを行った。

成功を呼ぶ
ネーミングの技術

2020年6月26日　初版第一刷発行

著　　者／平方 彰

発 行 人／後藤明信
発 行 所／株式会社竹書房
〒102-0072
東京都千代田区飯田橋2-7-3
☎03-3264-1576（代表）
☎03-3234-6208（編集）
URL　http://www.takeshobo.co.jp

印 刷 所／共同印刷株式会社

ブックデザイン／轡田昭彦＋坪井朋子
協　　力／中野薫平（株式会社ビッグベン）
編集コーディネーター／中 大輔

編 集 人／鈴木 誠

ISBN978-4-8019-2286-0